Negociação para Advogados

Negociação para Advogados

UMA COMPETÊNCIA ESSENCIAL

2023

Alessandra Nascimento Silva e Figueiredo Mourão
Professora da Fundação Getúlio Vargas
Advogada Fundadora da Nascimento e Mourão Advogados

ALMEDINA

NEGOCIAÇÃO PARA ADVOGADOS
UMA COMPETÊNCIA ESSENCIAL
AUTORA
Alessandra Nascimento Silva e Figueiredo Mourão
EDITOR
EDIÇÕES ALMEDINA, S.A.
Avenida Emídio Navarro, 81, 3D
3000-151 Coimbra
Tel.: 239 851 904 · Fax: 239 851 901
www.almedina.net · editora@almedina.net
DESIGN DE CAPA
EDIÇÕES ALMEDINA, S.A.
PRÉ-IMPRESSÃO
João Jegundo
IMPRESSÃO E ACABAMENTO

Junho, 2023
DEPÓSITO LEGAL

ALMEDINA | GRUPOALMEDINA

BIBLIOTECA NACIONAL DE PORTUGAL – CATALOGAÇÃO NA PUBLICAÇÃO

MOURÃO, Alessandra Nascimento Silva e Figueiredo

Negociação para advogados : uma competência essencial. – (SRS)
ISBN 978-972-40-8274-5

CDU 34

Aos meus amados Carlos, Ana Luiza e Pedro Paulo

AGRADECIMENTOS

A Jovenilha Gomes do Nascimento, minha mãe, que desde cedo me ensinou que o estudo e a persistência compensam.

Aos meus sócios, colegas de trabalho e clientes na Nascimento e Mourão Advogados, bem como aos meus alunos no Brasil, em Portugal e noutras paragens, que diariamente fornecem farto material de pesquisa do comportamento humano.

A Pedro Rebelo de Sousa, que de forma carismática e efetiva estabeleceu uma inovadora ponte acadêmica entre Brasil e Portugal. Assim como a Leonor Cunha, Fabio Durço, Emerson Fabiani e Rui Magalhães, um time incrível que há muitos anos, dos dois lados do Atlântico, não mediu e nem mede esforços para dar sustento a essa ponte.

À Escola de Direito da Fundação Getúlio Vargas – São Paulo, que desde seu nascedouro acreditou que o ensino de Negociação era sim relevante para os profissionais da área jurídica, mesmo numa época em que essa disciplina era menosprezada no meio acadêmico.

A Carlos Figueiredo Mourão, fonte inesgotável de incentivo e apoio, com quem selei o meu melhor acordo: compartilhar a vida.

Capítulo 1
O porquê deste livro

Este livro é endereçado aos advogados, como o próprio título indica.

Pensei este pequeno manual como uma obra de fácil e rápida leitura, para ser visto e revisto pelos colegas militantes da área jurídica sempre que necessário. Veio-me a ideia de escrevê-lo em razão das palestras e cursos que tenho tido a oportunidade de ministrar, no Brasil e no exterior, nos quais surge a solicitação frequente e insistente dos alunos pela indicação de obras sobre o tema *negociação*, mais precisamente a negociação para os operadores do Direito, pois na área de Administração de Empresas é farta a oferta de títulos.

Assim, diante dessa carência de obra específica direcionada ao advogado militante, aquele que no seu dia a dia negocia intensamente, ainda que muitas vezes disso nem se dê conta, apresento este roteiro básico à comunidade jurídica.

A Faculdade de Direito nos proporciona uma infinita gama de conhecimentos na área jurídica. Nela recebemos as primeiras lições sobre técnicas com as quais trabalharemos o restante de nossas vidas se decidirmos abraçar a carreira jurídica ao deixar a universidade. Direito Civil, Trabalhista, Tributário... tantos os campos a optar... Carreira pública ou privada, tantas outras alternativas...

Aquele que escolhe advogar percebe rapidamente que não basta o conhecimento técnico eminentemente jurídico para o sucesso profissional. Há diversas outras habilidades que, se não desenvolvidas a contento, impedirão o resultado pretendido na profissão. E mais ainda, a tecnologia representa a ameaça mais palpável de um perigo de extinção de sua própria profissão. A necessidade de se reinventar é presente e urgente. Não é possível continuar baseando nossos esforços em modelos pretéritos.

Nesse contexto encontra-se a questão da negociação. Não há advogado que não precise negociar. Desafio quem possa afirmar que jamais precisou negociar coisa que fosse no desempenho da nobre função de causídico. Para começar, temos de negociar com nossos clientes, com nossos colegas de escritório ou empresa, com os colegas que representam a outra parte, com os funcionários públicos atuantes na administração da justiça etc.

Entretanto, ainda que incontestável essa realidade, até muito recentemente, não havia escola de Direito que se dispusesse a fornecer aos alunos qualquer ensinamento sobre como organizar pensamentos e ações de forma a obter um bom resultado nas situações tipicamente negociais. Desde a primeira edição deste livro, assisto, com imensa satisfação, à mudança dessa realidade. Transformação da qual sou parte integrante. Hoje tenho o prazer de coordenar inúmeros cursos de negociação para pós-graduados e ter dado início a cursos voltados àqueles que ainda se encontram na graduação.

A empolgação daqueles com quem tive o imensa satisfação de repartir o conhecimento da técnica de negociação impulsiona este pequeno manual e sua revisão e ampliação a cada nova edição. Nela colhi a certeza de que nossa classe tem fome de informações sérias e fundamentadas sobre o tema. Não me pareceu, até agora, que se busquem milagres ou truques, mas sim aprender a técnica, a ciência ou, como já se disse, a "arte" de negociar, de forma a melhorar o desempenho e os resultados.

Aliás, acho importante frisar que nas páginas que seguem não se encontrarão truques ou princípios da famosa dita "Lei de Gérson"[1]. A técnica de negociação aqui apresentada repudia o comportamento leviano e desonesto. Baseia-se na busca de soluções de ganhos por meio de uma clara consciência do cenário em que se desenvolvem as negociações, respeitando as percepções de realidade e valor de cada parte. O importante é pensar que uma negociação não é a última de sua vida, haverá outras e o que se

[1] Houve uma propaganda de determinada marca de cigarros veiculada na televisão brasileira nos idos da década de 70, pelo ex-jogador da seleção brasileira de futebol, Gerson, cujo bordão final era o seguinte: "leve vantagem você também". Com o tempo, a expressão ficou conhecida como "Lei de Gerson" e foi apropriada para uso em conotação negativa, vale dizer, no sentido de que é indevida a vantagem auferida.

fizer (para o bem e para o mal), em determinada transação, terá reflexo nas que estão por vir.

Também fornece combustível para a feitura deste livro saber que há entre nós pessoas como o ex-Juiz de Direito, João Baptista de Mello e Souza Neto, autor de *Mediação em juízo*[2], que comunga da ideia de que os conflitos podem ser resolvidos de maneira negociada se os envolvidos possuírem as ferramentas para tanto.

Igualmente fui contagiada pelas palavras de Rui Celso Reali Fragoso, no editorial do *Informativo do Instituto dos Advogados de São Paulo*, n. 44 (set./out. 1999):

> As Faculdades de Direito, muitas sem condições de cumprir sua função, entregam à sociedade um número de bacharéis absolutamente sem consciência da nobre e magnífica carreira que teriam pela frente se tivessem sido bem preparados. Em 1960 havia 69 cursos de Direito no Brasil, em 1997 já eram 270. Hoje mais de 400. Apenas em termos de comparação, nos Estados Unidos há 178 Cursos de Direito. Pouco, muito pouco, quase nada tem se modificado. O aluno ainda é formado (quando isso ocorre) para o litígio forense, formas diferenciadas de solução de conflitos, estratégias que exercitem o raciocínio, a pesquisa e o direito material não são temas usuais nas faculdades. Há uma supervalorização do processo em detrimento do direito. A transmissão do conhecimento pela forma consagrada, nos Cursos de Direito, deve ser revista (...).

Essas formas diferenciadas de solução de conflitos mencionadas por Rui Fragoso, conhecidas internacionalmente como ADR (*Alternative Dispute Resolution*), têm sido objeto de estudos sérios em diversos países.

Nos Estados Unidos nasceu o Programa de Negociação, um programa de pesquisa da Faculdade de Direito da Universidade de Harvard que lida com negociação, elaborando e disseminando métodos aperfeiçoados de negociação e mediação. Esse Programa é resultado da associação de doutrinadores e projetos das prestigiosas instituições de Harvard, MIT (Massachusetts Institute of Technology), Simons e Tuffs, com o objetivo de aprimorar a teoria e a prática da resolução alternativa de conflitos.

Há alguns anos conheço e exerço essas técnicas ensinadas em Harvard e venho cuidadosamente inserindo a metodologia nos meios jurídicos,

[2] São Paulo, Atlas, 2000.

por meio de palestras e seminários, no Brasil e no exterior, adicionando a essa metodologia ingredientes oriundos da experiência vivida ao longo dos anos em sala de aula. Afinal, o aluno é fonte rica de recursos metodológicos, basta que o professor esteja atento.

Tenho o privilégio de poder relatar que quando entrou em vigor no Brasil a lei anticorrupção e com ela a possibilidade de serem feitos acordos de leniência abriu-se toda um a possiblidade de capacitação de agentes públicos para essa missão de negociar eventuais acordos de leniência. A Advocacia Geral da União e a Controladoria Geral da União investiram e continuam a investir no desenvolvimento das habilidades de negociação de suas equipes e o resultado aparece, em benefício de toda a coletividade. Como coordenadora da formação desses agentes públicos há alguns anos testemunhei com imensa alegria e satisfação a mudança na mentalidade e atitude desses negociadores que possibilitou a vinda aos cofres públicos de bilhões de reais.

Este livro não busca, de modo algum, esgotar o tema. Ao contrário, trata-se de uma obra de incentivo à exploração das estratégias de negociação que se acham divulgadas em outras obras, ainda que tenham estas por alvo prioritariamente o setor de administração de empresas.

O conhecimento e o exercício das estratégias de negociação, cujas noções básicas apresento neste manual, servem de valiosa bagagem para o profissional que escolheu a advocacia como a estrada a ser seguida.

Igualmente acredito estar dando aqui minha contribuição para a comunidade, no aprimoramento das relações humanas, que, afinal, são a matéria-prima do advogado militante.

Talvez até encontrem aqui alento aqueles que estão frustrados com o exercício da advocacia, desanimados com os tortuosos caminhos da tradicional solução de litígios via Poder Judiciário ou mesmo arbitragem. Quem sabe possam esses colegas enxergar que a defesa dos interesses dos clientes (e deles próprios, advogados) não se limita àquelas vias traçadas nos códigos de processo.

E como a globalização é o grande tema do momento, não seria demais dizer que não estamos sozinhos nessas nossas reflexões. Anualmente, inúmeros advogados da Europa, Estados Unidos, Ásia e América Latina, enfim, do mundo todo, buscam treinamento para tornarem-se negociadores mais eficientes. Por quê? Porque também em outros lugares deste nosso planeta há operadores do Direito buscando solucionar conflitos sem a necessidade do Estado-juiz, quando isso é possível. A lentidão da máquina judiciária, afinal, não foi inventada em terras ibéricas ou tupiniquins.

E o próprio Estado-juiz se confessa assoberbado. Em seu socorro temos visto surgirem normas com o escopo de criar alternativas para as soluções de conflitos. Nesse contexto, vimos nascerem leis sobre arbitragem, mediação e provimentos sobre a tentativa de conciliação prévia aos julgamentos nas instâncias superiores.

Também para desafogar os Tribunais, constatamos o surgimento de atos administrativos e leis voltados para a solução direta dos conflitos entre o particular e o Estado, da mesma forma que periodicamente são determinados pela Administração os casos em que os Procuradores não estão obrigados a recorrer até a última instância, quando o assunto está por demais pacificado na jurisprudência.

Se de um lado defendemos a ampla possibilidade de acesso à prestação jurisdicional, garantida constitucionalmente, de outro cremos que também nós, operadores do Direito, podemos colaborar com esse movimento de desobstrução dos Tribunais. E é neste compêndio que pretendo fornecer combustível para que toda a enorme e inexplorada gama de conflitos que podem ser resolvidos de maneira célere e conveniente, sem a necessidade da intervenção estatal, possa ser habilmente administrada por aqueles que detêm privilegiada posição para tal: os advogados.

Não adianta apenas reclamar da morosidade do Judiciário. Ousemos!

Capítulo 2
Falta de interesse processual

"Assim, esgotadas as vias de solução amigável do impasse entre as partes, nada mais resta ao Autor senão socorrer-se do Judiciário para proteção de seu direito...".

Quantas e quantas vezes já não se leu essa assertiva nas petições iniciais das mais diversas ações ajuizadas!

Claro está que, na vigência do Código de Processo Civil Brasileiro de 1973, tinha ela o escopo primeiro de demonstrar que na demanda estaria presente a condição denominada *interesse de agir*, que assim aparecia no art. 3º do Código de Processo Civil: "Para propor ou contestar ação é necessário ter interesse e legitimidade".

Cândido Rangel Dinamarco desde então esclarecia que, havendo possibilidade de se extinguir o litígio pela utilização de instrumentos à disposição das partes, não haveria a necessidade do processo e, consequentemente, não haveria interesse de agir. Isso porque dois elementos lhe são intrínsecos: a necessidade concreta do processo e a adequação do provimento desejado e do procedimento escolhido pelo autor[3].

Moacyr Amaral Santos rezava na mesma direção, quando afirmava que "há o interesse de agir, de reclamar a atividade jurisdicional do Estado, para que este tutele *o interesse primário*, que de outra forma não seria protegido"[4].

[3] *Execução civil.* São Paulo: Revista dos Tribunais, 1973, p. 141.
[4] *Primeiras linhas de direito processual civil.* São Paulo: Saraiva, 1984, v. 1, p. 172.

Antonio Carlos Marcato resume, com a precisão que lhe é peculiar, o ensinamento pacificamente aceito na doutrina:

> (...) o interesse de agir exprime, de um lado, a exigência de que se recorra ao órgão jurisdicional, pleiteando a tutela de direitos, apenas quando não se encontrem, no terreno extraprocessual, outros meios para a satisfação daqueles, ou quando esgotados infrutiferamente os instrumentos de direito material postos à disposição dos interessados (...).[5]

Temos, então, que não havia entre os processualistas nenhuma dúvida acerca da necessidade de se esgotarem as possibilidades no campo extraprocessual para que esteja presente a condição da ação denominada *interesse de agir.*

Voltamos, então, àquele chavão indicado no início deste capítulo. Entendemos claramente o porquê de ele tão frequentemente ser utilizado pelo patrono do autor na petição inicial. No entanto, impossível deixar de reconhecer que muitas vezes trata-se apenas de uma colocação clássica oriunda de algum "modelo" pronto de petição inicial, tão automático quanto o requerimento de citação, de produção de provas ou indicação do valor da causa. Não contém em si mesmo nenhum significado real nem pretende representar a realidade dos fatos.

O que ocorre, na maioria dos casos, é que o patrono do autor (ou o próprio autor) não se digna a dar sequer um simples telefonema para o outro interessado. Talvez não tenha jamais cogitado em tentar ouvir a versão do outro lado, em marcar um encontro prévio ao ajuizamento da ação, a pôr um fim ao conflito sem o auxílio do Estado.

Lembro-me de uma adjudicação compulsória ajuizada em face de herdeiros de um determinado cliente, então já falecido (cujo inventário tínhamos patrocinado). Receberam eles, sucessores, citação por carta precatória, oriunda de outra comarca, pela qual ficaram cientes de que o *de cujus* havia prometido a venda de determinado imóvel, mas que a escritura pública respectiva não fora lavrada antes do seu falecimento. Leram, indignados, que estariam eles se recusando a propiciar a lavratura do documento público e por isso era ajuizada a adjudicação compulsória. Somente na audiência de conciliação confessou o patrono do autor que jamais havia tentado con-

[5] *Procedimentos especiais.* São Paulo: Malheiros, 1994, p. 24.

tatar os herdeiros. No caso, não havia como objetar o pedido de lavratura da escritura, e as partes rapidamente se compuseram.

No entanto, note-se quanto tempo foi absolutamente desperdiçado. Mais ainda: houve a movimentação da máquina judiciária de duas comarcas distintas para se chegar a um resultado facilmente alcançável mediante uma simples *tentativa* de solução amigável do impasse (aliás, que impasse?).

Muitos juízes, alguns lastreados no direito constitucional de acesso ao Judiciário, deixavam de penalizar esse tipo de requerente com o que ele merece: a extinção do feito sem julgamento do mérito, por falta de interesse de agir. Outros entendiam que, se as partes chegam a uma composição amigável com o feito em curso, melhor que se aproveite a ocasião e já se homologue o acordo.

Assim agindo, nós advogados estamos contribuindo para aquilo de que tanto reclamamos (juntamente com nossos clientes): a morosidade da Justiça, que se vê entulhar cada vez mais de casos em que sua atuação não é imprescindível para a solução do conflito.

Sempre haverá direitos indisponíveis a reclamar a atividade jurisdicional do Estado. Da mesma forma, teremos casos envolvendo direitos disponíveis em que a transação não se mostra viável (pelos mais diversos motivos, inclusive os de ordem psicológica das partes envolvidas). O foco deste livro, no entanto, é o imenso número de processos judiciais que podem ser evitados ou rapidamente solucionados na audiência de tentativa de conciliação[6]. Aliás, cabe responsabilizar os patronos das causas pelo bom uso dessa oportunidade de encontro das partes em conflito que é a audiência de tentativa de conciliação. A lei de muitas jurisdições ao redor do globo determina o encontro, o juiz marca a data para esse contato pessoal e o precioso momento é inúmeras vezes desperdiçado pela falta de preparo dos profissionais envolvidos.

6 "Sendo disponível o interesse material, admite-se a autocomposição, em qualquer de suas formas clássicas: transação, submissão, desistência (e qualquer uma delas pode ser processual ou extraprocessual). Em todas essas hipóteses, surge uma nova vontade do direito, nascida da vontade das partes (ou de uma delas), e que irá validamente substituir aquela vontade da lei que ordinariamente derivara do encontro dos fatos concretos com a norma abstrata contida no direito objetivo" (Cintra, Antônio Carlos de Araújo; Grinover, Ada Pellegrini; Dinamarco; Cândido Rangel. *Teoria geral do processo*. São Paulo: Revista dos Tribunais, p. 11).

Capítulo 3
O advogado como negociador

Por que muitos advogados têm receio de buscar uma solução amigável antes de ajuizar a famosa "ação judicial cabível"? Por que tantos tratam a audiência de tentativa de conciliação como uma grande perda de tempo?

Sabem muito bem os colegas advogados que, queiramos ou não, temos de negociar o tempo todo. Nossas transações com terceiros, aí consideradas estritamente as relações profissionais, são inúmeras, incontáveis. Basta lembrar nosso trajeto desde que recebemos o diploma de Bacharel e inscrevemo-nos na Ordem dos Advogados do Brasil. Se escolhido o caminho da vida liberal, cabe-nos negociar com aqueles com quem pretendemos nos associar na empreitada, com o proprietário do escritório que pretendemos alugar, com os clientes sobre a forma de remuneração e assim prosseguiremos para sempre...

Não é diferente com o advogado interno de empresa, que negocia os termos de sua admissão, negocia com os colegas do mesmo departamento jurídico, dos departamentos correlatos (comercial, financeiro, recursos humanos...), com os colegas de escritórios externos eventualmente contratados em determinadas situações...

Nem o advogado público escapa da tarefa negocial. Ainda que muitas vezes direitos indisponíveis estejam em jogo, a impossibilitar a realização de transação com o particular ou com outro ente público, o procurador negocia com seus colegas de departamento, com seus superiores e subordinados, com o pessoal administrativo de apoio – novamente afirmo –, queira ou não. Ainda que não o perceba.[7]

[7] A título de exemplo, no Brasil, com o advento da lei anticorrupção, representantes de distintas instâncias administrativas estão autorizados por lei a negociar acordos de leniência com empresas envolvidas na corrupção de agentes públicas.

Até há pouco tempo, nenhuma escola de Direito nos preparava para essa necessidade inconteste (e ainda hoje raras o fazem). Ao contrário, alimenta-se a crença generalizada de que o bom advogado é briguento e intransigente. Acrescente-se a isso a regionalidade, o fato de sermos latinos (mundialmente famosos pelo sangue quente).

Somos verdadeiramente fruto da formação que recebemos na faculdade. Nosso material de trabalho é o litígio. Vivemos dele e dele nos alimentamos. Daí a crença de que, fomentando o litígio, estamos contribuindo para a continuidade da oferta de trabalho.

E muitos que se portam dessa maneira esquecem ou desconhecem que o Código de Ética e Disciplina da Ordem dos Advogados do Brasil, mesmo na sua mais recente edição, de 2016, determina que é dever do advogado "estimular, a qualquer tempo, a conciliação e a mediação entre os litigantes, prevenindo, sempre que possível, a instauração de litígios" (art. 2º, parágrafo único, VI).

Ouvi de um colega, também conhecedor das estratégias de negociação de que trata este livro, um interessante episódio envolvendo a disputa entre pai e mãe acerca do regime de visitação da filha em comum.

Os pais não eram casados entre si e há muito tempo haviam deixado de conviver. A menina vivia com a mãe, que constituíra nova família, na qual o novo companheiro demonstrava preocupações genuinamente paternas com a menor. Após longa ausência, o pai tentou voltar a visitar a criança, encontrando resistência e desconfiança por parte da guardiã. Esse colega, representando a mãe, procurou o advogado do pai da menina. Muito tentou, sem sucesso, a conciliação. Diante do silêncio do *ex adverso*, percebeu que só restava o ajuizamento da ação de regulamentação de visitas que protegesse os receios da mãe. E assim o fez. Qual não foi a surpresa do patrono da genitora quando foi ela intimada, via oficial de justiça, sobre a decisão de juiz em outra ação de regulamentação de visitas, essa proposta pelo pai.

Por força do disposto no Código de Processo Civil, o juiz da causa em que figurava a mãe como autora era prevento, e sua decisão inicial prevaleceu sobre aquela do magistrado que originalmente despachara a petição inicial do pai.

O advogado do pai, inconformado com o encaminhamento da questão ao magistrado que havia decidido na ação ajuizada pela mãe, agravou, esbravejou, teceu comentários desairosos aos colegas que representavam a mãe da criança na sua minuta. Não obteve sucesso o recurso interposto.

Na audiência de tentativa de conciliação, o causídico deixou expressamente consignado seu maior inconformismo. Era professor de Direito Processual numa reputada Escola Paulista e via a atuação dos patronos da genitora como uma indisfarçável tentativa de derrotá-lo. O juiz atuou de forma ponderada ao perceber os reais interesses colocados a sua frente e desempenhou importante papel na condução de uma saída negociada (sempre respeitando o interesse prioritário da menina).

Lamentavelmente, nada mais comum do que presenciar os patronos tecerem comentários absolutamente desnecessários e desrespeitosos em relação ao colega que representa a outra parte no processo. Tomam para si a briga em que se envolveram as partes, deixando que a emoção turve-lhes a vista em sacrifício da melhor técnica processual. Acreditam que o importante é brigar para ganhar (nem sabem o quê).

É bastante comum que os advogados interponham recursos sempre que alguma expectativa ou pedido reste contrariado, sem que do ponto de vista objetivo possam alcançar qualquer benefício com o procedimento. Ao contrário, tais repentes voltam-se muitas vezes contra o próprio causídico, que percebe ter perdido tempo e ganhado antipatia gratuita, ou seja, tempo, energia e dinheiro foram gastos inutilmente.

Exercícios aplicados em cursos de negociação demonstram de forma assombrosa a frequência com que os negociadores entram na sintonia do "ganhar a qualquer preço", obtendo no final um prejuízo superior à vitória almejada.

De onde vem tamanho ânimo beligerante? Dizem alguns que é natural do homem primitivo o desejo pela vitória, a qual traz em si grande sensação de prazer e autoestima.

Voltando à universidade, e aos ensinamentos que lá recebemos, aprendemos a acreditar no processo judicial como o caminho para a solução de conflitos.[8]

[8] "Hoje, se entre duas partes há um conflito de interesses, e uma resiste à pretensão da outra (caracterizando-se então a lide), em princípio o direito dispõe que, se se quiser pôr fim a essa situação, seja chamado o Estado-juiz, o qual virá dizer qual a vontade do ordenamento jurídico para o caso concreto (declaração) e, se for o caso, fazer com que as coisas se disponham, na realidade prática, conforme essa vontade (execução)" (CINTRA, Antônio Carlos de Araújo; GRINOVER, Ada Pellegrini; DINAMARCO, Cândido Rangel. *Teoria geral do processo.* São Paulo: Revista dos Tribunais, p. 6).

A partir daí, passamos anos recebendo valiosas informações sobre o processo civil e o penal. Cuidamos do ajuizamento correto da ação, da resposta adequada e da interposição de *todos* os recursos cabíveis. O inconformismo com decisões que nos pareçam injustas ou em desconformidade com a doutrina e a jurisprudência é tão presente e automático em nossas mentes de causídicos quanto outros elementos de nossa vida pessoal, como, por exemplo, trocar as marchas do carro sem prestar atenção em qual marcha exatamente está sendo engatada. Ou seja, parte de nossas vidas, e muitas vezes contamina nossa personalidade (e *modus operandi*), dentro e fora do processo.

Deve de fato o bom patrono ser combatente em juízo ou em sede dearbitragem, lutando pela defesa dos direitos de seu cliente e utilizando-se de toda habilidade e conhecimento para o convencimento do julgador ou árbitro. É fundamental o conhecimento de todo o ordenamento processual vigente para o pleno desempenho dessa função, cuja imprescindibilidade no Estado de Direito é irrefutável.

1. A defesa dos interesses do cliente não se faz exclusivamente em juízo

No entanto, fora da jurisdição, muitas vezes nos sentimos inseguros. Distantes do contencioso, seja judicial ou arbitral, parecem faltar-nos ferramentas para o bom desempenho (que acreditamos poder desenvolver perante o Judiciário ou perante um Painel Arbitral, seja pela farta doutrina, seja pela jurisprudência a cada dia mais acessível e de rápida cognição).

Além disso, tememos virar marionetes nas mãos de colegas muito habilidosos na "arte de convencer", tememos ser vistos como "fracos" pelos nossos clientes, tememos que o acordo não nos garanta uma remuneração melhor do que aquela que obteríamos se exercêssemos plenamente todas as habilidades técnico-jurídicas para as quais fomos originalmente treinados.

Sobre esses temores (colocados apenas de maneira exemplificativa) teço as seguintes considerações:

1) Assim como para requerer em juízo o advogado deve estar bem preparado, igualmente deve o profissional municiar-se dos instrumentos que existem a sua disposição para o enfrentamento de colegas hábeis no manejo da negociação.
2) Procure deixar claro para seu cliente as vantagens da negociação como as vê. Explique que o resultado negociado, vindo ao encontro dos interesses de seu constituinte, significará uma vitória e não

representará de modo algum qualquer indício de fraqueza ou subordinação de sua parte. Aponte, inclusive, que o alcance de um resultado negociado depende muito de suas habilidades de negociador (um *plus* ao seu presumido conhecimento jurídico).

3) Pense sua remuneração de forma proporcional ao benefício que sua atuação traz para o cliente. Reflita não só em termos de resultado final, mas também considere o alto valor (para o cliente) embutido no encurtamento da demora para a solução do impasse que lhe é trazido.

Não obstante essa conveniência de se explorar suficientemente a via negociada, forçoso reconhecer outro fator de ordem psicológica: a vaidade pessoal. É extremamente prazeroso "ganhar a causa", receber elogios expressos e documentados do magistrado e, por vezes, até do *ex adverso*. Queremos o reconhecimento de que somos operadores do Direito competentes e, com isso, esperar a digna recompensa, moral e pecuniária.[9]

Há ainda advogados que não consideram a transação como uma possibilidade sequer. Segundo essa visão, pertence ela a um outro mundo, desconhecido e, portanto, temido.

Quem já não ouviu a máxima de que "advogado quando entra no negócio atrapalha"? Essa assunção faz com que deixemos de participar da realização de muitos negócios jurídicos que posteriormente mostram-se problemáticos exatamente pela falta de assessoria jurídica preventiva.

Mais do que isso, o que importa ao cliente é o resultado final favorável aos seus interesses e melhor do que as suas melhores alternativas. O advogado que é focado no resultado é, mais do que nunca, o profissional-alvo do mercado. Fala-se agora na "Advocacia 4.0" que resumiria um alinhamento da prática da advocacia com as necessidades contemporâneas, o uso das ferramentas de tecnologia na sua máxima potência e a gestão de escritórios como uma empresa a serviço de seu cliente.

[9] "É preciso humildade, tantas vezes, para ver o trabalho de dias e dias de pesquisas, arrazoados, teses e antíteses jazerem no arquivo judicial sem sequer apreciação do juízo de primeiro grau, sem sequer saber qual a valoração do trabalho, via percentual de honorários que viesse a ser arbitrado em sentença. É preciso despojamento para abandonar sua paixão (os advogados são apaixonados por suas teses), perdida entre laudas e laudas dos autos arquivados, coroada com mera sentença homologatória de transação" (SOUZA NETO, João Baptista de Mello e. *Mediação em juízo*. São Paulo: Atlas, 2000, p. 41).

O procedimento de negociação não deve ser temido e sim domado. Há inúmeras ferramentas colocadas à disposição daquele que pretende fazer da transação uma oportunidade de satisfazer o interesse primário e subjacente em foco. Trataremos delas nos próximos capítulos.

Capítulo 4
Mudando para tornar a negociação possível

Sua iniciativa em ler este livro leva a presumir que seja de seu interesse checar se há algo de novo a ser aprendido, a fim de se tornar um negociador mais eficiente.

Pode ser, também, que esteja simplesmente verificando se tem feito as coisas de modo certo nos últimos tempos. Se tem negociado da forma mais correta.

Não afastamos, igualmente, que você, leitor, esteja prestes a iniciar ou esteja no meio de um processo de negociação no qual não tenha a mínima ideia de como proceder.

O CMI International Group, uma organização nascida do Programa de Negociação de Harvard e que periodicamente treina advogados latinos, costuma introduzir seus seminários, para esclarecer os estágios do aprendizado negocial, com a seguinte fórmula:

Incompetência	Inconsciente
Incompetência	Consciente
Competência	Consciente
Competência	Inconsciente

Explico.

Considerando que negociamos, queiramos ou não, e desde sempre – aí incluída a primeira vez que choramos, ainda quando bebês, para indicar que, se o leite não viesse, os ouvidos de nossos pais pagariam por isso –, é inegável que nosso começo foi bastante amador.

Esse amadorismo, ao longo do tempo, acarreta ignorância (do latim *ignorare*, "não saber, não ter conhecimento") quanto à verdadeira qualidade de nossa *performance*. Basta lembrar aquela vez que você fez uma proposta e ela foi rápida e imediatamente aceita pela outra parte. Não lhe corroeu a alma a dúvida cruel de ter feito uma proposta boa demais?

Assim, no mais das vezes, não temos nenhuma consciência da qualidade das nossas transações. Afinal, será que fizemos um bom negócio? (*estágio da incompetência inconsciente*).

Quando começamos a receber as primeiras noções de como dosar a eficiência de nosso modo de negociar, passamos a perceber, a ter consciência de nossa restrita competência no assunto (*estágio da incompetência consciente*).

No momento em que nos propomos a estruturar nosso pensamento e ação em busca de objetivos claros, atentos e conscientes do que vem a ser uma transação bem-sucedida, atingimos o *estágio da competência consciente*.

A perseverança e o aprimoramento no domínio das técnicas de negociação produzem o mesmo efeito de aprender a andar de bicicleta. Depois de tanto andar de bicicleta, não pensamos mais nos passos que tantas vezes foram repetidos até que a paisagem em volta pudesse ser aproveitada na sua plenitude. Subir no banco, pedalar e manter o equilíbrio tornaram-se ações automáticas. O mesmo, com a prática, acontece em relação aos elementos da negociação, fazendo com que o experiente negociador alcance o *estágio da competência inconsciente*.

1. Mudança de comportamento

Não é sábio pretender obter resultados distintos aplicando-se o mesmo comportamento.
ALBERT EINSTEIN

Segundo o dito popular inglês, enquanto fizermos o mesmo, conseguiremos sempre o mesmo (*the more you do what you've always done, the more you get what you've always got*).

Isso vale imensamente para todos os advogados, mas principalmente para os esculpidos no berço do contencioso.

Não é possível manter perante a outra parte a mesma conduta nas duas circunstâncias (em juízo e na mesa de negociação). Aliás, reclamam muito os magistrados – e com razão – quando advogados, durante a audiência de tentativa de conciliação, usam os mesmos argumentos com os quais embasaram o pedido inicial e a respectiva resposta.

Em juízo ou na arbitragem, nosso papel é convencer o julgador no sentido de nossa tese jurídica. Na negociação, cabe-nos convencer a outra parte de que a proposta que temos a oferecer é melhor que a alternativa que resta ao nosso oponente, caso o acordo não venha a se consolidar.

Daí se conclui, com razoável tranquilidade, que os ataques desferidos à outra parte pouco ajudarão na consecução desse objetivo.

Ao patrocinar os interesses do cliente, deve o causídico ter em mente que sua postura perante o *ex adverso* é diferente durante a negociação e no correr do processo judicial.

Não é à toa que muitos juízes, durante a audiência de tentativa de conciliação, interrompem as conversações quando os patronos partem para a discussão de "quem é que tem razão". Volta e meia o magistrado precisa ressaltar que ali não se está discutindo o mérito da ação...

2. Separe o conflito dos envolvidos nele

O erro fatal dos que estão acostumados a brigar e que enveredam na atividade negocial está no (mau) hábito de fazer acusações pessoais.

"Você passou a perna no meu cliente", "você é uma pessoa irresponsável, leviana, incompetente, imprudente...", são típicas introduções para uma conversa bem curta, em que o outro lado responderá, muito provavelmente, com expressões semelhantes ou ainda menos nobres. Pura perda de tempo.

Ponha-se no lugar do outro: como você responderia se fosse o alvo das acusações que dirigiu ao colega? Possivelmente do mesmo modo que responderam ao seu ataque (ou até fosse bem menos gentil no contra-ataque...).

Concentre-se no seu objetivo e tente criar uma atmosfera favorável para o diálogo, pois sem ele não há negociação.

É importante ter em mente, ainda, que negociar não significa "deixar de ganhar". Ao contrário do dito popular, um mau acordo não é melhor do que uma boa demanda, pois o mau acordo é aquele em que seus interesses não são alcançados e que é pior do que a sua melhor alternativa sem acordo.

Entretanto, há situações em que o acordo *pode* ser mais interessante do que uma boa demanda.

Imaginemos um episódio envolvendo um acidente de trânsito em que todas as provas são largamente a seu favor. É claro que se pode ir ao Judiciário, confiante de sair vencedor ao final. Mas e se o causador da colisão propuser uma composição na qual seu veículo pode ser consertado antes mesmo do tempo demandado para a realização do simples ato de citação?

O mesmo pode ser dito de uma proposta para parcelar em muitas vezes o crédito que se tem direito de receber de uma vez só. Quanto tempo levará para que, ao fim do processo, possa ser recebido esse mesmo valor? O que é mais interessante diante da minha necessidade: receber tudo daqui a cinco anos (se até lá o devedor ainda estiver solvente, é claro) ou receber parceladamente e, no prazo de dez meses, ter o crédito satisfeito?

Vamos agora caminhar juntos pela trilha da negociação possível. Antes, porém, um alerta: nas próximas páginas há passos básicos para que a sua maneira de negociar possa tornar-se estruturada, formatada para a eficiência, de modo que você possa, ao final do procedimento, decidir se o resultado possível é realmente interessante ou se suas alternativas, fora do acordo, são ainda mais vantajosas.

Capítulo 5
Descobrindo os interesses em jogo

A negociação bem conduzida passa necessariamente por uma boa preparação. Para que o procedimento com a outra parte inicie-se de maneira adequada, é preciso que seja ele pensado ainda antes do primeiro encontro ou da primeira conversa. A maneira como iniciamos nosso contato com o outro lado pode ser vital para abrir as portas para um possível acordo. Mesmo que por muitas vezes haja pouco tempo para essa preparação, ela é indispensável. Trataremos especificamente da preparação no Capítulo 12.

Consultores na área de negociação apontam que não raras vezes seus clientes buscam suporte pelo telefone celular quando estão *a caminho* "daquela" reunião importante com o "adversário", o que acaba sacrificando a qualidade do resultado final.

Ajuda muito também que essa preparação seja coletiva.

A experiência tem demonstrado que os colegas de escritório ou de departamento são muito úteis no desenvolvimento da estratégia negocial.

Companheiros de trabalho participantes e observadores conseguem otimizar o processo criativo e paralelamente proporcionar avaliação objetiva da *performance* e postura do negociador. Eles nos ajudam a enxergar mais claramente como estamos focando o problema e as partes envolvidas. Auxiliam também a ver com clareza nosso comportamento, o que estamos vendo de maneira clara e pontos importantes que estamos desprezando.

Ao mesmo tempo, o trabalho em conjunto ajuda a desafiar a percepção inicial da situação. Um colega de equipe que não esteja tão diretamente ligado à negociação em curso é de grande valia para colocar em xeque a ideia que fazemos daqueles com quem estamos negociando, dos verdadeiros interesses em conflito e da melhor forma de conduzir as tratativas. A isenta colaboração de um terceiro é preciosa para quem está envolvido na disputa. Sempre que tiver a oportunidade, peça a opinião de um colaborador e teste suas próprias convicções.

Tente a seguinte experiência: peça a um colega para fingir ser seu oponente e apresente seus argumentos. Ao terminar, pergunte o que ele acha que funcionou e o que não pareceu adequado. Pergunte o por que. Cheque inclusive a forma como você expõe suas ideias e não só o conteúdo. Deixe que esse colaborador também simule as respostas que provavelmente seriam dadas para a sua tática de aproximação. Esse exercício pode se mostrar muito útil para evitar surpresas, colocações malfeitas e criar pronta resposta para situações aparentemente impensáveis. Ao mesmo tempo, pode ser uma bela oportunidade para você ousar fazer observações que receia sejam ruinosas. Pode ser que sejam de fato arriscadas apenas a partir de seu ponto de vista e não necessariamente reflitam um perigo real.

1. Inversão de papéis

Outro exercício elucidativo é a inversão de papéis, o chamado *role reversal*. Nele você primeiramente narra para um colega, a partir da sua percepção, o conflito que se coloca para solução e suas reclamações em relação à outra parte. Depois, invertem-se os papéis – você representa (no sentido teatral da palavra) "a outra parte" e seu colega representa "você". É surpreendente o que "você" (no papel daquela pessoa ausente) pode acabar falando sobre você mesmo e isso será um valioso instrumento para aprender um pouco da lógica que move o adversário.

Note que, para que esse exercício possa surtir o efeito desejado, é fundamental que você esteja "na pele do outro" (vale dizer, daquela pessoa com quem vai negociar). Durante a experiência, fale "pela boca" de seu confrontante (ausente nesse momento). Tente ser esse "outro", ausente, da forma mais convincente possível, usando as mesmas expressões e críticas que esse terceiro utiliza ao falar com ou de você. A partir daí, comporte-se da mesma forma que você acredita que a outra parte se portaria se estivesse ali, naquele momento.

Exercício da troca ou inversão de papéis
(*Role Reversal*)

***1º passo*: você narra o conflito do seu ponto de vista a um colega (chamado aqui de colaborador).**
***2º passo*: você fala, discute, negocia e "raciocina" no papel do terceiro ausente e seu colaborador faz o mesmo no papel de "você".**

Outra lição importante pode ser tirada dessa manobra se realizada corretamente: descobrir que a outra parte não está errada *em tudo* (como você pensava), e que é importante entender o ponto de vista do outro para conseguir argumentar na tônica correta.

Afinal:

> (...) compreender o pensamento da outra parte não é meramente uma atividade útil que irá ajudá-lo a solucionar seu problema. O pensamento do outro lado É o problema... Por mais útil que seja buscar a realidade objetiva, é a realidade tal como cada lado a vê que, em última instância, constitui o problema de uma negociação e abre caminho para uma solução.[10]

Note bem: compreender a percepção do outro não equivale a *concordar* com ele, e ainda que o resultado desse conhecimento mexa com suas convicções sobre os méritos da situação, não veja isso como um ônus, mas sim como um bônus.

A capacidade de conseguir enxergar os fatos como o outro lado os vê é uma das mais preciosas habilidades de um negociador eficaz. Com ela é possível "desenhar" as propostas de forma aceitável, pois esse "desenho" partirá da apreensão de quais sejam os elementos de convencimento do outro negociador. Da mesma forma, entender os motivos que fazem o outro preferir o processo judicial ao acordo podem apontar se há alguma chance para a negociação e onde buscá-la.

[10] FISHER, Roger; URY, William; PATTON, Bruce. *Como chegar ao sim*: negociação de acordos sem concessões. Rio de Janeiro: Imago, 1994, p. 40-41. (Obra essencial e básica para estudo da teoria da negociação criada pelo Projeto de Negociação de Harvard).

Algumas propostas são fulminadas pelo destinatário exatamente por carecerem de qualquer percepção sobre o que seria aceitável do ponto de vista de quem as recebe. Propor algo que somente beneficia quem formula a oferta é injustificável perda de tempo. Igual atividade infrutífera desempenha aquele que faz proposições sem antes considerar as alternativas que a outra parte dispõe se não houver acordo, seus parâmetros e sua percepção do cenário em que se desenvolvem os fatos.

2. O controle emocional e a negociação eficaz

A primeira barreira que encontramos numa negociação difícil somos nós mesmos.[11]

É bastante árduo defrontar-se com um colega advogado que não tem a mínima noção do que vem a ser negociar. Chega a ser irritante ouvi-lo alardeando todas as medidas judiciais que poderá intentar, fazendo do encontro uma oportunidade para unicamente enfatizar o poder de sua tese jurídica. Isso sem falar nos ataques pessoais a você e seu cliente.

Esse tipo de ataque pessoal é a primeira coisa que deve ser esquecida pelo negociador como ferramenta. Não há como se chegar a uma solução negociada atacando as pessoas envolvidas no processo. Assim agindo só se conseguem a represália e a retaliação, não o acordo.

Pense bem, qual a sua disposição para firmar um acordo com alguém que o acusou de ser leviano, desonesto e outras coisas menos nobres? Seja sincero e confesse a si mesmo que a sua vontade é de ver o seu acusador passando maus bocados, sofrendo, perdendo o que for possível. Inverta os papéis. Perceba que o mesmo vale para você no papel de acusador.

Nunca ignore que a negociação é um processo que envolve seres humanos. Ainda que esteja em jogo uma transação empresarial, são pessoas que estão ali sentadas em volta da mesa tentando chegar a um acordo.[12]

Por mais de uma vez, mesmo depois de já ter iniciado minha incursão na teoria da negociação, senti os efeitos da perda do autocontrole quando diante de ataques pessoais. Nenhum desses episódios resultou em qual-

[11] "The first barrier lies within you. Human beings are reaction machines. When you are under stress, or when you encounter a NO, or feel you are being attacked, you naturally feel like stricking back" (URY, William. *Getting past NO*. New York: Bantam Books, 1993, p. 8).

[12] A respeito do aspecto humano da negociação aconselha-se a leitura de DECARO, Julio. *La cara humana de la negociación*. Bogotá: McGraw-Hill, 2000.

quer tipo de acordo, mesmo naqueles pontos em que havia alguma convergência no início das conversações.

Se você atacar a outra parte haverá, por óbvio, uma reação. Se você responder no mesmo nível, receberá o troco na mesma frequência e assim eternamente, até que se torne cada vez mais remota a possibilidade de ser alcançada a solução amigável do conflito. Mais provavelmente haverá a geração de novos conflitos, e a intervenção de um terceiro – mediador, árbitro ou juiz – será imprescindível para o desate do nó.

Observei durante anos a briga entre acionistas de uma sociedade anônima fechada que obedecia exatamente a essa rotina. A cada assembleia tentavam os acionistas chegar a um acordo sobre determinado assunto. Nunca conseguiam a unanimidade na votação de nada. Acabavam acusando-se mutuamente, sempre culpando o outro pelos resultados infrutíferos das transações internas da empresa. A discussão ia tomando corpo e as acusações tornavam-se cada vez mais pesadas e desaguavam no ajuizamento de algum tipo de ação judicial de um contra o outro ou de um contra alguns. O tempo foi passando e os processos judiciais acumulando-se, enquanto a empresa nada ganhava com isso. Muito pelo contrário: aos poucos, todos foram perdendo seu interesse pelo negócio, que se tornara fonte de aborrecimento em vez de fonte de lucro.[13]

Temos a tendência natural de tratar o problema e as pessoas como uma coisa só. Quantas vezes chega-nos o cliente com as típicas frases: "o problema é que ele não compreende a situação...", "o problema é que ela agiu de modo inadmissível...". O problema e a pessoa nele envolvida fundem-se com muita facilidade. Essa fusão é inconveniente para que a negociação possa se desenrolar a contento.

A chave para a criação de um campo fértil para a negociação é conseguir manter o foco no problema a ser resolvido, separando-o das pessoas

[13] "(...) as pessoas ficam zangadas, deprimidas, assustadas, hostis, frustradas e ofendidas. Elas têm egos facilmente ameaçáveis. Encaram o mundo a partir de sua própria perspectiva pessoal e freqüentemente confundem suas percepções com a realidade. Rotineiramente, deixam de interpretar o que você diz tal como você pretende dizê-lo e não pretendem dizê-lo o que você entende. Os mal-entendidos reforçam o preconceito e levam a reações que produzem reações contrárias, num círculo vicioso; a investigação racional das soluções possíveis torna-se inviável e a negociação fracassa. A finalidade do jogo passa a ser a marcação de pontos, a confirmação de impressões negativas e a atribuição de culpa, à custa dos interesses substantivos de ambas as partes" (FISHER, Roger; URY, William; PATTON, Bruce. *Como chegar ao sim*: negociação de acordos sem concessões. Rio de Janeiro: Imago, 1994, p. 37).

envolvidas. O ponto crucial é entender e fazer que o outro negociador entenda que ambos estão diante de uma situação conflituosa que, em princípio, não interessa a nenhum dos envolvidos e para a qual ambos devem, conjuntamente, buscar a solução.

Passamos, então, a falar do impasse em si e dos motivos que o fizeram nascer. Começamos efetivamente a entrar no âmago do desentendimento.

3. Descubra os reais interesses envolvidos

Há uma história contada pelos teóricos e praticantes do Projeto de Negociação de Harvard que ouvi pela primeira vez de Sérgio de Freitas Costa,[14] de quem recebi os primeiros conhecimentos sobre a teoria da negociação.

Diz o episódio que duas meninas, irmãs, brigavam vigorosamente por causa de uma laranja. Sem aguentar mais a algazarra causada pela briga, a mãe interveio e sem pestanejar optou pela salomônica divisão da laranja ao meio, dando a cada criança uma metade. Mais tarde descobriu-se como foi pobremente resolvido o impasse. Uma das meninas queria a laranja para fazer suco e a outra a queria para com sua casca fazer letras do alfabeto. Ou seja, bastaria descascar toda a laranja, entregando a totalidade da casca a uma delas e o restante a outra para que ambas assim obtivessem tudo o que desejavam.[15]

Pessoalmente fui muito tocada pela parábola e passados vários anos desde que a ouvi pela primeira vez continuo a crer na extrema sabedoria escondida no singelo exemplo.

Tradicionalmente, as pessoas se apresentam umas às outras para negociar com uma posição já adotada. Colocam sua posição ao outro em patamar acima daquela planejada para dar uma margem de regateio. E vão baixando esse padrão lentamente até chegarem a um nível que considerem aceitável, ainda que não desejável.

Esse posicionamento é doutrinariamente chamado de barganha posicional e se desenvolve da seguinte forma:

Imagine uma situação conflituosa entre herdeiros e legatários que não desejam mais o condomínio ou relacionamento a que foram levados por força de determinado testamento:

[14] Professor da Escola de Administração de Empresas da Fundação Getulio Vargas – SP e da Business School São Paulo.

[15] No Capítulo 9, falaremos sobre a famosa decisão do rei Salomão e a verdadeira sapiência do episódio.

PARTE A	PARTE B
"Quero o usufruto de todos os bens imóveis."	"Não aceito de todos os bens."
"Quero então a nua propriedade de uma casa."	"Você só queria o usufruto!"
"Então abro mão do usufruto de só um imóvel."	"Isso é muito, não concordo."
"Se não tiver o usufruto de pelo menos quatro imóveis não faço acordo."	"Só se não for nenhum no litoral."

Temos aqui uma sequência de tomadas de posicionamento. Cada parte vai aos poucos fazendo pequenas concessões e exigências. "Ganha" quem fizer menos concessões a partir daquela posição originalmente adotada.

Quanto mais se tenta defender uma posição, mais embaraçoso se torna abandoná-la na tentativa de se alcançar um acordo. Assim, para fugir do sentimento de derrota, pode-se abandonar a possibilidade de mudar de posição e forçar para que o outro mude de posição. Pode-se ainda fazer a concessão e correr o risco de tornar evidente que aquela exigência era falaciosa ou insensata.

A barganha posicional é uma queda de braço entre os envolvidos. Nesse jogo, dá-se mais valor às posições do que aos verdadeiros interesses em questão, enquanto simultânea e perigosamente ameaçado fica o relacionamento. Com isso, diminuem-se drasticamente as chances de alcançar um acordo de qualidade.

Ceder ao capricho daqueles que injustificadamente mantêm uma determinada posição na transação alimenta sentimentos de hostilidade, ressentimento e revolta nos que alteram sua posição ao ceder à rígida intransigência do outro e vêem seus legítimos interesses ignorados. Um acordo dessa espécie num episódio comercial ou familiar pode significar facilmente o rompimento definitivo dos envolvidos, com custos muito superiores àqueles diretamente tratados no impasse.

Diferentemente, existe a negociação baseada nos interesses, a qual leva em consideração a satisfação dos interesses subjacentes.

Se considerarmos nossa mente como um computador, veremos que recebemos da natureza um programa de *software* baseado fortemente na barganha posicional. No entanto, os interesses que nos movem e que movem aqueles com quem estamos negociando são de imprescindível cognição para um acordo justo e satisfatório.

São os interesses que movem as pessoas, e a sua definição e conhecimento são as chaves que proporcionarão a solução do conflito. O bom negociador deve explorar ao máximo os interesses em jogo – os seus, primeiramente.

O advogado deve tomar muito cuidado quando for entrevistar seu cliente sobre determinada situação conflitante, pois é comum que ele apresente tão somente uma posição, mas não revele seus interesses.

Geralmente esse cliente nos chega com um alvo já definido, um objetivo previamente delineado, e contrata-nos para que com unhas e dentes lutemos para alcançar esse destino. Quanto mais próximo chegarmos daquela meta anunciada, melhores profissionais seremos considerados.

Ocorre, entretanto, que no mais das vezes nem mesmo o cliente sabe quais os interesses que estão permeando suas atitudes e ambições. Nem mesmo as questões puramente empresariais deixam de embutir aspectos emocionais e psicológicos dos envolvidos, seus egos, princípios e percepções, sua autoridade, vaidade ou temor.

Entender os verdadeiros **motivos** que levaram as partes a um impasse ou conflito é o primeiro passo em direção a uma solução negociada.

A pergunta básica é *por quê?*

Se, por exemplo, alguém deseja impor determinada cláusula contratual e a outra parte recusa-se a fazê-lo, ameaçando todo o negócio jurídico em andamento, a simples imposição da vontade de uma parte sobre a outra não resolverá o verdadeiro conflito.

Lembro-me certa feita quando estava em andamento a redação de uma minuta de contrato de prestação de serviços. Para meu cliente era imprescindível que o serviço contratado terminasse o mais perto possível do prazo acordado, sob pena de comprometer todo o projeto comercial que estava em curso. Portanto, a imposição de uma alta multa por descumprimento dessa cláusula "prazo de entrega" era fundamental para desestimular a prestadora de serviços a descumpri-la. A empresa prestadora de serviços, por sua vez, alegou que, por "política da empresa", essa cláusula penal não poderia constar do contrato. Impasse formado e viabilidade do negócio em risco. Então restou-nos perguntar: qual a razão dessa "política da empresa"? O que ela busca proteger? Quando esclarecidos os motivos daquele posicionamento, conseguimos entender que os interesses de ambos poderiam ser harmonizados pela redação de excludentes específicas, cuja ocorrência aceitamos como justificadoras, mantida a multa para as demais situações de atraso.

Além da pergunta básica (*por quê?*), há outras que devem ser feitas para identificar os interesses da outra parte:

- Quando recusada uma proposta, pergunte: "Por que não?".
- Quando fizer uma proposta, introduza-a, perguntando: "Haveria algum problema se...?".
- Quando sentir que há algo que não foi dito, indague: "O que mais?".
- Quando estiver tentando identificar as preferências do outro, questione: "O que é mais importante para você...?".

Somente depois de pensar tanto nos interesses tangíveis como nos intangíveis será possível visualizar o cenário que está motivando a ação dos envolvidos (em ambos os lados).

Ademais, ao analisar interesses, tenha em mente que estes podem ser de natureza distinta: os interesses podem ser comuns, opostos ou simplesmente diferentes.

É muito conveniente que as negociações comecem por tratar o que nos une primeiro para depois explorar o que nos separa. Assim, comece explorando os interesses comuns (o bem estar dos filhos, por exemplo, na disputa envolvendo pensão alimentícia). Pense nos pontos de interesse totalmente distintos das partes (no contrato de edição, os alvos diferentes de autor – prestígio e divulgação de ideias próprias – e da editora – manutenção de seu objetivo comercial de vender livros). Não se esqueça dos opostos (na dissolução parcial de sociedade empresarial, cada centavo no bolso do vendedor de quotas sociais é um centavo a menos no bolso do comprador das mesmas quotas sociais). Reflita detidamente sobre itens que possam ser trocados: "o que vale muito para o outro que tem pouca valia para mim?".

Capítulo 6
Criando opções de ganhos mútuos

Lembremos que nossa atitude ao negociar deve ser diferente daquela que adotamos quando estamos defendendo nosso posicionamento numa petição. No processo judicial, nosso objetivo é ganhar totalmente. Almejamos que para a parte contrária seja reservado destino diametralmente oposto: a derrota absoluta, de preferência com um alto ônus de sucumbência, a compensar o trabalho que nos deu ao longo de anos de batalha judicial.

Se mantivermos essa mesma frequência de pensamento ao negociar, dificilmente sairemos satisfeitos com qualquer resultado obtido, seja ele qual for. Isso porque, excetuada a rara sorte de enfrentamento de um colega muito despreparado e pouco inteligente, ninguém se deixará conscientemente derrotar no processo de negociação.

Pequenos exercícios feitos durante seminários de negociação mostram como um elevado percentual de advogados presume serem eles os únicos espertos na mesa de negociação. Acreditam piamente que somente eles estão enxergando o chamado "pulo-do-gato" e acabam, então, por cometer erros estratégicos fatais, sendo muitas vezes eles os maiores prejudicados.

Respeite a inteligência e a eventual capacidade de dissimulação do *ex adverso*. Não creia ser você o único astuto, com poder de levar todas as vantagens da transação.

Só há um modo seguro de convencer a outra parte a fazer as coisas à sua maneira: se ela também tiver a ganhar com isso (ou se você a fizer acreditar nisso).

Pense bem: se você estivesse no lugar do outro, também faria o mesmo!

1. Opções: o segundo elemento do processo de negociação

Vimos no Capítulo 5 o primeiro dos 7 elementos da negociação: o *interesse*, segundo teoria criada por Roger Fisher e outros estudiosos.

Uma vez que tenhamos explorado suficientemente quais são os nossos interesses e quais são os interesses da outra parte, resta-nos passar a pensar em vários modos de alcançar esses interesses.

Nessa fase do processo negocial, o advogado costuma sentir grande dificuldade, pois é aqui que se exigem dele flexibilidade e criatividade, duas qualidades pouco estimuladas no campo do contencioso.

Somos tradicionalmente seres de "citações". Nossas petições são recheadas de citações e transcrições das mais variadas doutrina e jurisprudência. Vivemos citando e repetindo as sábias palavras dos juristas pátrios e estrangeiros. Em algumas situações a reprodução é crucial, como quando estamos diante da vital missão de demonstrar dissídio jurisprudencial autorizador de admissibilidade determinados recursos.

Flexibilidade também não é a tônica dos militantes do Direito. Sabemos nós que os prazos (peremptórios em regra) em nada estimulam a flexura. O rigor das formas processuais também nos atormenta, visto que um simples agravo de instrumento[16] exige atenção para a apresentação de peças obrigatórias por lei e tantas outras "obrigatórias por criação jurisprudencial", a nos pegar desprevenidos de quando em vez.

Voltemos à questão dos interesses.

Vimos no Capítulo 5 que cabe a nós indagar do cliente além do seu posicionamento. Quando ele nos chega com um determinado pedido – "quero isto aqui" – é nossa missão discernir posicionamento de interesse. Assim, numa situação qualquer que surja, nosso primeiro objetivo ao entrevistar pela primeira vez o nosso potencial constituinte será desvendar o que há por detrás daquela postura.

O exercício da negociação na advocacia demanda conhecimento, técnica e sensibilidade que vão além daqueles detidos pelos comerciantes em geral, para os quais somente um problema, em regra, resta para ser decidido: o preço.

Temos diante de nós problemas bem mais complexos a resolver.

Habitualmente, há mais de um nó a ser desatado nas relações jurídicas que nos chegam para análise. Igualmente, ao fechar um acordo, devemos cuidar para que todos os aspectos e consequências sejam previstos, evitando

[16] Recurso cabível no Brasil contra decisões interlocutórias.

desse modo aborrecimentos futuros. Aliás, cabe aqui apontar a suma importância da qualidade do fechamento da transação: deve ele ser muito bem cuidado, sob pena da inocuidade de todo trabalho negocial desenvolvido anteriormente. Sobre isso falaremos mais detalhadamente no Capítulo 10.

Nossas chances de desenvolver um bom trabalho como negociadores[17] estão fortemente calcadas nas nossas habilidades de, após descobrir os interesses em jogo (do nosso constituinte e da outra parte), criar opções que possam satisfatoriamente atender a esses interesses. Os nossos interesses devem restar bem satisfeitos e os da outra parte, suficientemente, a ponto de ela dar o almejado "sim".

Para ilustrar o que estamos propondo, vamos imaginar a situação vivida durante as tratativas entre os advogados de duas empresas que estão fechando a redação de um contrato de compromisso de compra e venda de imóvel.

Em determinado momento, surge o impasse sobre a cláusula "posse do imóvel". O advogado da vendedora exige que a posse somente seja franqueada à compradora, como ocorre, via de regra, quando da lavratura da escritura. A compradora, que está adquirindo o imóvel para lá instalar sua nova sede, detém todo o numerário para pagamento à vista e aguarda que a vendedora providencie a documentação de praxe para que a escritura seja lavrada. Como a escritura aguarda lavratura por fato imputável somente à vendedora, exige da compradora a posse imediata do imóvel, pois necessita urgentemente dar início às reformas para cumprir outro compromisso (desocupação do imóvel que atualmente ocupa, alugado). Impasse criado, uma parte quer a posse imediata para celebrar o negócio, e a outra recusa terminantemente alterar a regra geral de somente ceder à posse após a escritura pública de compra e venda lavrada.

Se ambos os advogados insistirem nessa queda de braço, para verificar quem é o "mais forte", dificilmente ocorrerá a celebração desse contrato, embora a assinatura do compromisso seja o que ambos desejam.

Ora, se eles perguntarem-se reciprocamente qual a preocupação que motiva o posicionamento, talvez possam criar uma opção que atenda a esses interesses não aparentes.

[17] Ao advogado, como negociador, cumpre perceber que não se está sempre diante de uma negociação distributiva, na qual o ganho para um lado necessariamente significa a perda para o outro (embora em algumas situações seja exatamente o caso). Entretanto, deve-se estar atento ao fato de que, por mais que se tente agregar valor ao acordo, fazendo que o "bolo cresça ao máximo antes de ser partilhado", haverá um momento em que a partilha ocorrerá.

A relação entre interesses e posições pode ser ilustrada pela figura de um *iceberg*: *interesse* é toda a imensa parte submersa, invisível a uma observação superficial, mas bem maior do que aquela que se apresenta à tona (o *posicionamento*).

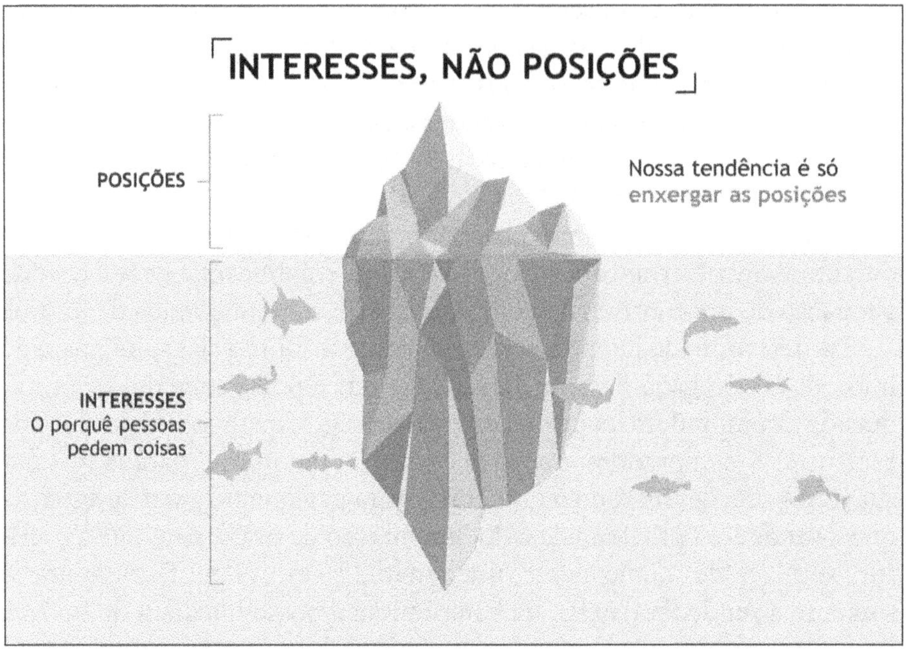

Fixar-se apenas no posicionamento (parte visível do iceberg) e ignorar os interesses (parte não visível do iceberg mas bem maior do que a parte visível) pode ser fatal para o negociador (como foi para o Titanic).

Nesse caso em questão, oriundo de uma situação real, vejamos o que a exploração nos trouxe de informação:

Interesses/preocupações da vendedora:

- Ter dificuldade de lavrar a escritura e receber o saldo do preço depois que a compradora tomar posse do imóvel;
- Não receber o preço total e ficar com o imóvel prejudicado para venda a terceiros;
- Necessitar de uma ação judicial para retomar a posse do imóvel caso a compradora não cumpra sua parte;
- Perder outro negócio que está encaminhado e que só aguarda a conclusão dessa venda para poder se consolidar.

Interesses/preocupações da compradora:

- Demora da vendedora em obter a documentação necessária à lavratura da escritura depois de receber o sinal;
- Não conseguir cumprir o prazo para desocupação de sua sede atual (imóvel alugado com cláusula de multa para o caso de desocupação tardia);
- Não conseguir acabar com as reformas no imóvel que está sendo comprado e não colocar em funcionamento a empresa no novo endereço a tempo de evitar multa na desocupação do antigo endereço;
- Margem de tempo muito pequena para confecção de todo seu material de papelaria (faturas, envelopes, cartões etc.) com o novo endereço;
- Dar início às reformas e depois não concretizar o negócio (perda de dinheiro).

Quando os advogados descobriram quais as preocupações que cada lado tinha, passaram a buscar *opções* para resolver o problema que se instalava. Como satisfazer o interesse de uma parte sem sacrificar o da outra?

Foi então que, depois de muita discussão, surgiu a seguinte solução: após o pagamento do sinal, a chave do imóvel ficaria com uma vizinha, a qual abriria a porta do local para que pedreiros e pintores contratados pela compradora pudessem dar início à reforma. Esses trabalhadores avisariam sempre a essa mesma vizinha quando terminassem o serviço do dia para que ela, então, trancasse o local. Se a escritura não fosse lavrada por fato imputável à vendedora, ela ressarciria à compradora os custos das reformas e devolveria o sinal. Se a não lavratura ocorresse por culpa da compradora, esta perderia o sinal e as benfeitorias realizadas no imóvel.

Uma solução criativa, que só foi possível no momento em que os advogados deixaram sua tradicional atitude competitiva em prol de uma postura colaborativa, *sem deixar de defender de forma veemente os interesses de seus respectivos clientes.*

Para se chegar a essa almejada solução criativa que satisfaz o interesse das partes, os negociadores devem necessariamente pensar no máximo de opções possíveis, para só depois de exaurir o processo criativo passar a eliminar aquelas opções menos satisfatórias até ser alcançada uma que proporcionará a transação eficaz.

O erro mais comum nas negociações é barrar esse processo criativo com críticas e recusas precipitadas de lado a lado. Toda opção deve ser encarada simplesmente como o próprio nome diz: uma opção, uma mera possibilidade. Nada mais. Não é um compromisso que qualquer parte esteja assumindo.

Aliás, isso é algo que deve ser esclarecido entre as partes logo no início desse processo criativo coletivo: ninguém está se comprometendo a nada. As opções são tão-somente possibilidades imaginadas. Depois de discutidas a viabilidade e a eficácia dessas escolhas, aí, sim, passar-se-á ao campo dos comprometimentos possíveis. Esse esclarecimento pode ser vital para que a criação de opções possa ser frutífera.

Um alerta: não se presuma o único capaz de criar boas opções para a negociação. Efetivamente, peça sugestões ao colega, pois não se esqueça de que as opções criadas pelo outro lado podem dizer muito sobre o interesse que não é revelado de outras formas.

Antes mesmo de sentarmos à mesa de negociação com a outra parte, podemos gerar ideias com os colegas de trabalho ou com nosso próprio cliente. Dessa forma, reunir-nos-emos com o confrontante com mais possibilidades interessantes do que poderíamos criar sozinhos.

Logicamente, essas opções criadas de antemão são úteis apenas para iniciar as conversações, pois que elas partirão do nosso conhecimento sobre os nossos interesses e das nossas presunções sobre quais sejam os interesses do outro. Essas presunções serão testadas durante a negociação. Por conseguinte, eliminaremos como opção viável toda aquela criada previamente e embasada em interesse presumido, mas não confirmado durante a transação.

Nas negociações que temos acompanhado, vimos surgir as mais brilhantes soluções somente depois de exaustivo processo criativo desenvolvido pelas partes. As decisões precipitadas, via de regra, acabam por deixar a desejar em termos de ampla satisfação dos interesses das partes.

Muitas vezes isso se reflete não tanto no fato de as partes saírem insatisfeitas do acordo, mas principalmente por acabarem firmando um trato que poderia ter sido mais vantajoso do que aquele que foi celebrado.

É incrivelmente comum que as pessoas ajam como no clássico exemplo da divisão da laranja entre as pequenas irmãs, que mencionamos no Capítulo 5. Depois de finalmente decidir dividir a laranja ao meio, dando para cada uma a metade, uma delas devorou sua porção, jogando fora a casca, enquanto a outra usou sua metade da casca, dispensando o fruto em si.

Incontáveis vezes os negociadores deixam na mesa de negociação algo que lhes é valioso. Deixam de chegar a um acordo ou de explorar satisfatoriamente o que chamamos de zona de acordo possível. É excessivo o número de negociações em que temos cada parte com sua metade da laranja, em vez de um lado com o fruto inteiro e o outro com toda a casca da laranja.

Os envolvidos na negociação costumam achar que não precisam criar opções, pois acreditam saber a resposta certa, ou seja: eles estão certos e o outro lado, necessariamente, equivocado. Tendem a crer que sua oferta é sempre a melhor e a que merece ser adotada. O único momento de alguma originalidade costuma ser o de sugerir dividir a diferença.

Já falamos que não deve ocorrer um julgamento precipitado sobre a validade das opções criadas. Primeiro devemos criar as opções, depois eliminar aquelas que não interessam. A crítica imediata entrava na imaginação. Não diga *sim* ou *não* a uma opção criada pela outra parte, considere-a apenas.

Da mesma forma, peça à outra parte que não se precipite em recusar as opções que você apresentar.[18] Saliente que se trata apenas de algo a ser considerado e que a ausência de críticas é fundamental para que a oportunidade possa surtir algum resultado positivo.

O próximo passo é separar aquelas opções mais promissoras e tentar aperfeiçoá-las. Não raro vemos que a opção inicialmente criada não é boa o suficiente, mas, uma vez aperfeiçoada, torna-se um ótimo fecho para o acordo.

Tente se libertar da ideia de que existe apenas uma única resposta para o problema que se põe. Os exercícios de negociação que fazemos em seminários, cursos e palestras demonstram que pessoas diferentes encontram saídas diferentes para um mesmo caso hipotético que lhes é dado a negociar.

2. Busque benefícios mútuos e facilite as decisões do outro

Quando estamos negociando, nosso objetivo é claro: alcançar nossos interesses. Sabemos também que a outra parte não dirá *sim* às nossas proposituras se não tiver algo a ganhar com isso. Daí, concluímos que, diferentemente do que se passa perante o Judiciário, não temos como meta simplesmente

[18] Problemas corriqueiros que barram o processo criativo: um lado sugere uma solução e o outro a fulmina com críticas e apresenta a sua proposta, que, então, é igualmente atacada, com todos os argumentos justificadores de sua inviabilidade ou inconveniência. Ao final de poucos minutos, ninguém está disposto a propor nada além de uma solução bem convencional e padronizada (ainda que insatisfatória).

derrotar o confrontante. Se for essa a nossa meta, não é a negociação o melhor meio de satisfazê-la.

Pois bem, temos então que durante a negociação estaremos, queiramos ou não, trabalhando com o colega que representa a outra parte com um único objetivo: buscar a opção de ganhos mútuos.

Essa é uma missão e tanto para o advogado: colocar-se lado a lado com o adversário e juntamente com o colega buscar uma solução para o problema, para o conflito instalado entre seus clientes, sem que com isso pareça estar "mudando de lado".

Tal é possível contanto que haja bom autodomínio e a firmeza de objetivo: defender o interesse do cliente.

A primeira missão é descobrir quais são os interesses comuns, sobre os quais poderão ser construídas diversas possibilidades. Há oportunidades latentes em toda negociação, e o bom negociador tem clara a importância de explicitar esse interesse comum e formulá-lo como uma meta também comum.

Assim, por exemplo, pensemos no governo local que propõe o parcelamento de dívidas tributárias e no contribuinte interessado em firmar esse acordo com o Fisco. Nesse caso, o interesse comum está no fato de que ambos desejam o pagamento do tributo. Um lado para abastecer seus cofres e com isso cumprir metas de campanha, o outro para conseguir certidão negativa que lhe é importante na vida comercial e, simultaneamente, quitar seus compromissos dentro de suas possibilidades orçamentárias.

Identificar esse interesse comum ajudará o negociador a vislumbrar as melhores opções que o caso pode gerar.

Além de descobrir os interesses comuns, explore quais sãos os interesses divergentes. Ao contrário do que se supõe, são as diferenças que tornam mais viável o fechamento de um acordo.

Voltemos a pensar na briga das irmãs sobre a mesma laranja. O acordo satisfatório é possível exatamente porque cada uma delas quer uma coisa diferente.

O mesmo se diga de um acordo envolvendo separação de sócios ou de casais. Será muito mais fácil dividir o monte partível se as partes envolvidas tiverem preferências diferentes.

Esse é um aspecto relevante: explorar as preferências de cada parte envolvida. E aí se acha grande oportunidade para o advogado agregar valor ao acordo.

Considere algumas fontes básicas para produzir oportunidades de criar valor na negociação:[19]

- **Recursos:** pode ser que uma parte tenha apenas o capital, mas a outra tenha a habilidade e competência para o serviço desejado.
- **Valores diferentes:** pode ser que algo muito valioso para uma parte tenha pouco ou nenhum valor para a outra. Por exemplo: ligação emocional com um imóvel, que nada significa para a outra parte.
- **Prognósticos:** as pessoas veem o futuro de forma diferente. O ator acredita que seu espetáculo irá lotar o teatro, enquanto o dono do teatro acha que aquele tipo de espetáculo não atrairá grande público.
- **Visão de risco:** há pessoas que absorvem o risco como parte da vida, enquanto outras fogem do risco de qualquer maneira.
- **Tempo:** é muito comum que uma parte tenha necessidades mais prementes que a outra. Pode ser que a situação implique curto prazo de um lado *versus* longo prazo de outro.

Para que seja viável a criação de boas oportunidades, utilizando algumas das fontes acima citadas, é imprescindível o conhecimento sobre as preferências da outra parte. Se ao chegar o momento de negociar você não souber essas preferências, pergunte!

Indague e descubra as predileções do outro e ciente delas comece a tecer as considerações possíveis.

Vamos imaginar um conflito instaurado entre dois irmãos, João e Pedro (nomes fictícios para uma situação verídica), condôminos de bens imóveis herdados do pai. A certa altura, a manutenção da copropriedade torna-se inviável. Os irmãos nem mais se falam, tão deteriorado está o relacionamento. A intervenção de terceiros é a única forma realizável de comunicação entre eles. Então, cada um deles contrata um advogado para defender seus interesses. Ressalvado o interesse de mutuamente se ofenderem, papel para o qual os causídicos não se prestam, no mais há farto campo para a atuação dos advogados. Afinal, quanto mais complexa a negociação, mais imprescindível a criatividade do negociador para que o resultado agregue valor ao acordo.

[19] MNOOKIN, Robert H. *Beyond winning.* Cambridge, Massachusetts: Belknap Press of Harvard University Press, 2000, p. 31.

Nesse caso específico, há um número ímpar de imóveis (três) a ser dividido entre os dois irmãos, o que torna a transação um pouco mais difícil. Há em especial um imóvel bastante grande, onde ambos gostariam de instalar um negócio próprio. Para complicar, esse imóvel vale bem mais que os outros dois somados. Conforme a conversa entre os negociadores vai se desenrolando, surge a informação de que João está desgostoso da vida na capital, que a violência da grande cidade o preocupa etc. Também surge a informação de que João está com uma série de compromissos financeiros em aberto e que necessita transformar em dinheiro parte de seu patrimônio imobiliário para quitar esses débitos. Pedro, ao contrário, está com sua situação financeira estabilizada e pensa em montar um negócio para os filhos. Em função das mágoas alimentadas pelo tempo, João não admite que o imóvel maior seja destinado exclusivamente a Pedro, ainda que este último detenha dinheiro suficiente para comprar a parte do irmão no imóvel.

Vemos aqui algumas preferências díspares:

- João tem pressa em resolver o impasse. Pedro pode ficar anos discutindo o assunto sem com isso se incomodar.
- João está necessitado de ativos com liquidez. Pedro tem patrimônio de excelente liquidez.
- João está cansado da vida na capital. Pedro pretende se manter na cidade grande, onde o negócio que planeja abrir para seu filho tem maiores chances de deslanchar.

Podemos rapidamente identificar interesses comuns:

- Pedro e João acham insuportável manter esses imóveis em condomínio.
- Nenhum dos irmãos aceita que o outro saia em qualquer situação de vantagem da negociação.

Várias e várias opções foram criadas. Dentre elas surgiu a ideia de dividir aquele grande imóvel em duas partes de forma que somada cada parte a um dos imóveis remanescentes, chegar-se-ia em algo muito próximo do valor de metade da totalidade do patrimônio a ser dividido entre os dois irmãos.

Embora boa, a opção não resolvia o problema de convivência dos irmãos, que passariam a ser vizinhos.

Decidiu-se, então, colocar à venda a parte do imóvel destinada a João. Com o fruto da venda, João não só poderia quitar suas dívidas como mudaria para o interior, onde tentaria iniciar nova vida profissional.

Não fosse a criatividade e persistência dos negociadores, ficariam os irmãos eternamente discutindo quem tinha mais direito de ficar com o imóvel maior, ou, alternativamente, buscariam a extinção judicial do condomínio, com todos os custos e delongas do processo.

3. Procure facilitar o *sim* por parte do outro

Um dos maiores benefícios de quem domina técnicas de negociação está no poder de liderar as tratativas. Esta será sua grande meta: **conhecer para liderar**.

Pesquisas no mundo empresarial demonstram que, na enorme maioria dos casos, em busca de proteção, os negociadores deixam a outra parte tomar a iniciativa para com isso checar o poder de barganha do outro lado e qual o ritmo que será imposto nas conversações.

Aproveite essa realidade e estabeleça o procedimento que a sua negociação deve seguir: foco nos interesses e ganhos mútuos, com criação de valor.

Se para atingir seu objetivo você precisa que a outra parte aquiesça à decisão almejada, é lógico que seu papel é facilitar essa decisão, ao invés de dificultá-la. Cabe a você apresentar uma escolha tão aceitável quanto possível. Novamente, coloque-se no lugar do outro e pense em uma opção que possa agradá-lo, pois sem ela não virá o *sim*.

Para tanto, ofereça a opção que atendendo satisfatoriamente os interesses da outra parte fará com que ela decida por satisfazer os seus.

Pode ocorrer de o colega com quem você vem negociando enxergar todas as vantagens da negociação realizada nessas bases, mas ainda assim não se consiga fechar um acordo.

Por quê?

Os motivos podem ser os mais variados, desde a forma de contratação entre o advogado e o seu respectivo cliente (assunto objeto do Capítulo 11) até o temor de abalo da reputação.

Aqui também, como sempre, cabe indagar do colega o porquê do *não* que lhe está sendo dirigido.

Experimente fazer com que o seu confrontante narre quais as críticas que lhe serão dirigidas se ele vier a concordar com a opção que está em foco. Após, crie respostas a esses ataques de forma que o colega possa defender-se de forma eficaz contra essa censura.

Uma saída é criar compromissos entre os advogados, de forma que o desfecho possa ser aceito pelas partes. E, nesse ponto, é indispensável o comportamento leal dos causídicos.

Vamos imaginar que o advogado esteja numa situação perante seu cliente na qual este tenha temor de submissão ao outro lado. Expor a esse cliente que simplesmente houve concordância com uma opção criada pelo advogado da parte contrária pode, por si só, fazer com que o constituinte diga não a essa opção, não por seus próprios méritos, mas sim pelo receio de estar sendo alvo de manipulação do oponente.

Podem os patronos acordar que se dará ao advogado do cliente temeroso o mérito da criação da opção, facilitando, assim, a concordância de seu cliente. Esse compromisso deve ser honrado com seriedade por ambos, sob pena de descrédito e posterior revogação do acordo, como será mais profundamente tratado no Capítulo 10.

É absolutamente surpreendente como pequenas coisas podem ser feitas e transacionadas entre os advogados para tranquilizar seus clientes na hora de dar seu *de acordo*.

O mesmo se pode dizer quanto aos esclarecimentos sobre os efeitos do acordo da forma como está sendo fechado. Cabe aos advogados de cada lado mostrar aos seus respectivos constituintes as vantagens e as consequências, no curto e no longo prazo, da opção criada em suas negociações.

4. Quem deve fazer a primeira proposta

Depois de suficientemente explorados os interesses que rodeiam os envolvidos, devem ser pensadas as opções que configuram as suas possíveis propostas. Um grande dilema dos negociadores é: "quem deve jogar a âncora" (ou seja, "quem deve fazer a primeira proposta"), você ou o outro lado? Ao fazer a proposta estamos fixando um marco (*anchoring*) que durante a negociação dificilmente tenderá a melhorar em nosso favor quando interesses opostos estiverem em jogo. Ao contrário, via de regra, essa proposta ou será aceita, ou o resultado final será pior que a âncora para quem a lançou.

David A. Lax e James K. Sebenius[20] defendem que a decisão de fazer a primeira oferta depende das informações que estiverem disponíveis sobre

[20] *The manager as negotiator.* New York: The Free Press, 1986, p. 132-133.

a margem de aceitação estabelecida pelo outro lado. Se detiver suficiente informação a respeito dos limites dentro dos quais a outra parte pretende negociar, é interessante que o seu lado faça a proposta, para dessa forma firmar os parâmetros da discussão. Se estiver completamente incerto sobre as margens da outra parte, é aconselhável ouvi-la antes de fazer qualquer proposta.

Na total ignorância quanto ao âmbito em que se inserem as expectativas do outro, há uma alta probabilidade de que uma moção que lhe pareça "razoável" seja considerada alta ou baixa demais pelo oponente. E uma oferta muito além ou muito aquém daquela esperada pela outra parte poderá provocar a ira e despertar dúvidas quanto à seriedade e boa-fé da proposta — e, eventualmente, causar a imediata cessação da transação.

Por outro lado, há o risco de sermos iludidos pela primeira oferta do outro lado, se estivermos diante de um negociador posicional de táticas pesadas, que se recusa a dar indícios de seus reais limites. Diante desse tipo de confrontante, é aconselhável que ainda que desconhecidas as margens consideradas aceitáveis pela outra parte, sejam feitas propostas cautelosas, *com as ressalvas de sua flexibilidade*. Com isso, espera-se baixar as aspirações do outro lado, ao mesmo tempo em que se evita que seja recebida como insultante.

Precisamos urgentemente exercitar e colocar para trabalhar a nossa criatividade. É questão de sobrevivência.

Chamo atenção para o impacto da tecnologia na profissão da área jurídica. A inteligência artificial deixou os livros e filmes de ficção científica e invade as nossas vidas diárias. Assim, como a máquina substituiu muita atividade humana nas indústrias no século passado, a era digital traz robôs para fazer atividades antes reservadas a seres humanos no ambiente jurídico.

Surgem a cada dia novos programas de computador a peticionar, buscar julgados, cadastrar feitos, emitir relatórios, elaborar contratos de forma bastante ágil e eficiente.

Qual o profissional do futuro (não distante, cabe dizer) que será considerado valioso?

É aquele que é criativo, que encontra soluções onde nenhum computador consegue chegar. Dito isso, dispensável justificar os benefícios mediatos e imediatos de se começar a colocar em prática toda sua criatividade na criação de opções nas negociações.

Capítulo 7
Critérios objetivos devem dar sustentação às opções criadas

Depois de discutirmos os elementos *interesses* e *opções* no processo de negociação, compete-nos aprofundar e discutir outro elemento: a *legitimidade*.

O conceito de legitimidade, na teoria da negociação, caminha ao lado do componente *opção*.

Não basta criarmos opções de ganhos mútuos, é necessário que essas opções sejam legítimas e justas para que possam ser aceitas pelos envolvidos, de forma que eles a enxerguem com essas qualidades. Se assim não for, poderá haver recusa da opção ou revogação do acordado após a aceitação.

Partimos do princípio de que ninguém gosta de ter a sensação de que saiu lesado numa negociação, pois este sentimento leva comumente ao não cumprimento do acordo pela parte que se sente prejudicada.

A pressa e a pressão para se fechar um acordo acabam, não raro, desprezando o caráter legítimo do resultado alcançado.

As audiências de tentativa de conciliação são campo fértil para decisões precipitadas que depois serão profundamente lamentadas. Isso se deve em grande parte à falta de preparação de advogado e cliente, que comparecem totalmente alheios ao que lhes espera e desperdiçam a oportunidade que a lei lhes confere. Sem dúvida, a parte que estiver mais bem preparada para o evento poderá dele tirar melhor proveito.

Para isso, antes dessa audiência, reúna-se com seu cliente e discuta seus interesses e os que presume serem os do oponente. Pense de antemão quais seriam as opções mais convenientes para ambos e prepare-se para ouvir o *ex adverso* a fim de testar suas presunções.

Não deixe escapar a oportunidade criada pela existência da audiência de tentativa de conciliação. Principalmente nos casos em que há resistência da outra parte em se reunir pessoalmente com você.

Por outro lado, fique atento para a legitimidade das opções que são criadas e para as impressões que seu cliente tem quanto à justiça do resultado da conciliação.

Para entender e melhor assimilar os conceitos ora expostos, pensemos uma situação bastante comum: uma compra e venda.

Imagine-se buscando adquirir um imóvel que possa se encaixar em suas possibilidades de orçamento. Depois de visitar algumas imobiliárias e ler alguns anúncios em jornais, você percebe que sua disponibilidade de caixa (200.000,00 euros) poderá proporcionar a aquisição de um imóvel de aproximadamente 100 m^2 na sua freguesia. Sua procura o conduz a um apartamento bem agradável que lhe parece ideal para suas necessidades. Entretanto, qual não é sua surpresa ao reunir-se com o proprietário, o qual teve o desplante de pedir pelo imóvel 300.000,00 euros!

Nas suas conversas com o dono do apartamento, o que de fato o enfureceu foi a prepotência do fulano, que não ofereceu qualquer justificativa para cobrar valor tão acima do praticado no mercado. Simplesmente tratava-se de uma imposição de vontade, na qual o vendedor expunha que R$ 300.000,00 era o preço que ele achava justo e que entendia valer o imóvel.

Por mais que deseje o imóvel, incomoda-lhe profundamente a falta de critério objetivo, de parâmetro, que lhe garanta a legitimidade do negócio proposto. E, ao final, o acordo não é celebrado.

Nesse exemplo vemos que a carência de parâmetros e critérios objetivos pelos quais possamos medir a justiça da proposta impede sua aceitação.

Em muitas ocasiões, assistimos pessoas defendendo que o *seu* entendimento sobre a melhor solução para o impasse é o que deve prevalecer. São critérios absolutamente subjetivos que baseiam essas posições, e é exatamente esse caráter subjetivo que faz nascer no outro a recusa.

Ao bom negociador compete buscar critérios objetivos que deem sustento à sua proposta.

Para trazer essa perspectiva mais próxima da realidade do advogado, retomemos aquele caso da disputa envolvendo pai e mãe sobre a visitação da filha menor, mencionada no Capítulo 3.

A mãe achava que a filha sequer deveria ter qualquer tipo de aproximação com o pai, cujo caráter e saúde psicológica muitíssimo lhe causavam temor. Causava-lhe mesmo ódio o fato de que, após tanto tempo afastado da menina, ousasse o pai vir perturbar a nova ordem das coisas, tendo em vista seu novo casamento e o fato de o padrasto assumir a criança de forma tão carinhosa.

O pai estava furioso com a péssima recepção de sua iniciativa – do seu ponto de vista salutar – de se aproximar da filha. Sabia que não era um exemplo de conduta paterna, mas de forma alguma era o canalha que a genitora de sua filha insistia em colocar para a criança. Não queria nada de mais, apenas ficar um pouco com a menina, como via seus amigos separados fazerem. Tinha direito de visitar sua filha e não admitiria que impedissem esse direito de ser plenamente satisfeito.

Diante de tal quadro é claro que os critérios subjetivos de cada um não possibilitavam a celebração de um acordo. Cada um achava que o que era bom para a filha era diametralmente oposto à opinião do outro.

O que falta para que possa ocorrer a transação neste caso?

Falta um critério objetivo, externo ao querer de cada um, que ambos aceitem como justo e legítimo.

Foi então que surgiu a opção de submeter a menina e os pais à análise de um psicólogo que fosse da confiança do juízo. Esse profissional, baseado em considerações eminentemente técnicas, faria então a sugestão sobre o melhor regime de visitação da criança, ao qual os genitores deveriam se curvar.

Tudo isso foi feito com foco no objetivo maior: o interesse da pequena, proposição que nenhum dos pais teria como refutar. Não se tratava mais de imposição da vontade de um lado sobre o desejo do outro, mas sim de um parâmetro externo irrefutável.

Logo, podemos facilmente compreender que a busca de critérios objetivos passa por fatores externos à vontade das partes. Assim, por exemplo, no caso da compra e venda do imóvel, é claro que o comprador deseja gastar o mínimo possível. Seu desejo é pagar 200.000,00 euros pelo imóvel, enquanto o vendedor, de seu turno, pretende receber o máximo que entende razoável: 300.000,00 euros. A partir do instante em que ambos submeterem essas ambições a parâmetros objetivos, será possível criar a chamada zona de acordo possível (ZOPA – *Zone of Possible Agreement*). Poderá ser eleito o valor do metro quadrado conforme publicação especializada. Poderá ser feito o levantamento das ofertas existentes na região. Poderá, ainda, ser consultado um corretor ou órgão especializado em avaliação de imóveis.

1. O advogado como fonte de critérios objetivos

Valor de mercado, usos e costumes, pareceres de especialistas são alguns dos mais comuns parâmetros objetivos utilizados com frequência na negociação baseada em princípios.

Para nós, advogados, há mais instrumentos objetivos colocados à disposição na hora de dar legitimidade às opções criadas: a lei e a jurisprudência. Uma determinada proposta pode ser objetivamente recusada quando for contrária à lei ou jurisprudência majoritária, conhecimentos reservados prioritariamente aos operadores do Direito.

Imaginemos o caso de um empregado que pretenda se desligar da empresa, mas, em vez de pedir demissão, solicita que a companhia o mande embora sem justa causa, para com isso poder receber algum benefício aplicável aos casos de demissão sem justa causa porventura existente. O empregador, que não deseja demitir o contratado, vê-se numa situação desconfortável e não consegue convencer o empregado da inconveniência da medida, pelo ônus que ela acarreta, inclusive pela necessidade de pagamento do chamado aviso prévio. O empregado, então, oferece a opção de abrir mão do aviso prévio, o que resolveria o obstáculo apresentado pela empresa. Colocado o impasse, o advogado é acionado para ajudar a resolvê-lo. Baseado no seu conhecimento sobre o entendimento dos tribunais sobre o assunto, você pode de forma objetiva afastar essa proposta, expondo ao trabalhador que a justiça trabalhista não admite que o empregado possa livremente negociar esse direito, motivo pelo qual, posteriormente, a empresa poderá vir a ser acionada a pagá-lo, sem nenhuma chance de vencer a demanda.

Dessa forma estruturada a aproximação com a outra parte, tira-se dela qualquer argumento de autoridade e desloca-se a discussão do subjetivo para o objetivo.

O mesmo ocorre numa situação de negociação pré-contratual. Imaginemos que a parte contratante, ciosa do cumprimento rigoroso das obrigações contratuais da parte contratada, exija que, em caso de descumprimento, seja paga penalidade equivalente a 35% do valor do contrato. A contratada acha a multa exagerada e argumenta que não há necessidade de estipular tamanha penalidade, pois há baixíssima possibilidade de descumprimento por parte dela, nas condições em que se estabeleceu a contratação. Ao que responde a contratante que exatamente por isso a contratada não deveria temer a elevada multa, já que, a final, o contrato será cumprido em todas as suas condições. O desejo de preservar o relacionamento comercial faz com que a contratada busque no advogado a saída legal para o embaraço, até porque a insistência poderia indevidamente passar a mensagem de que a contratada estaria em dúvida quanto ao seu poder de cumprir as obrigações constantes no instrumento.

Cabe ao advogado, então, apontar, por exemplo, que multas acima do patamar de 10% são questionáveis pelos tribunais daquela jurisdição, havendo inúmeros julgados anulando cláusulas que estabelecem penalidades acima desse patamar, por seu abuso.

O mesmo poderia ser dito ao locador que pretende impor vários tipos de garantias no mesmo contrato de locação de imóvel residencial, em frontal violação ao estabelecido na Lei das Locações. E assim, indefinidamente, há diversos casos em que o advogado pode usar de seu conhecimento da legislação e da jurisprudência para fazer da negociação algo mais que uma simples disputa de vontades.

2. Mantenha a mente aberta

Muitas vezes os precedentes e outros critérios objetivos são puramente argumentos para sustentar uma posição. Cuidado: por mais que você tenha se preparado para argumentar com critérios objetivos, mantenha a mente aberta para as alegações da outra parte.[21]

Insistir que na negociação as opções sejam abalizadas por critérios objetivos não significa que elas deverão basear-se exclusivamente nos critérios que você está propondo. Não existe somente um único padrão de legitimidade – no caso, o seu.

Quando confrontado com propostas diferentes para a adoção de padrões de legitimidade, descubra qual deles já foi usado pelas partes anteriormente, ou tem mais ampla aplicação na justiça ou no mercado.

Da mesma forma que a questão substantiva não deve ser tratada como uma batalha de vontades, o mesmo ocorre em relação à escolha do critério objetivo a ser adotado na negociação.

Um critério de legitimidade não exclui a existência de outros e decidir entre eles de forma também objetiva é papel do bom negociador. Novamente, ouça atentamente seu oponente, com curiosidade e disponibilidade. Não existe necessariamente uma só resposta para o problema.

[21] FISHER, Roger; URY, William; PATTON, Bruce. *Como chegar ao sim:* negociação de acordos sem concessões. Rio de Janeiro: Imago, 1994, p. 107-108.

Há muitos negociadores que não têm grande criatividade para sugerir opções e critérios objetivos, mas que acabam trazendo à baila as melhores propostas para a negociação A *partir* das opções e critérios sugeridos pela outra parte. São construtores de soluções sobre as bases fundadas pelo confrontante, o que, inclusive, facilita – e muito – a aceitação da proposta ao final criada.

Capítulo 8
Comunicação e relacionamento

Nada do que foi dito e explicado até agora tem a menor chance de prevalecer se não for eficaz a comunicação entre os envolvidos.

É chegada a hora de tratarmos do quarto elemento do processo de negociação: a *comunicação.*

Como sabiamente costuma enfatizar o Professor Marc Burbridge, "não há negociação sem comunicação". Nas suas entusiasmadas aulas, ele faz questão de apontar outra constatação conhecida, mas não raro ignorada: não nos comunicamos somente com a palavra dita ou escrita, também nossos atos e omissões transmitem mensagens ao outro lado. Tudo que fazemos ou deixamos de fazer faz parte de um conjunto de dados que é processado mentalmente pelos integrantes da negociação em curso e compõe o todo comunicado.

Comunicação não se restringe a falar ou escrever uma intenção, ideia ou objetivo de forma unilateral. A comunicação eficiente é necessariamente uma via de mão dupla: falar e ouvir, entender e checar se entendeu e foi entendido.

Quando um dos negociadores não fala o que tem a dizer ou não ouve o que o outro está dizendo, está minando as chances de sucesso da transação.

Erro comum dos negociadores, no que tange à comunicação, consiste em manter o foco no que se tem a dizer e esquecer de prestar atenção no que a outra parte está dizendo. Quantas e quantas vezes ficamos simplesmente esperando o outro acabar de falar para dizermos tudo que temos a dizer, sem nos darmos conta de que enquanto estamos mentalmente pensando no que vamos falar deixamos de prestar atenção nos detalhes da narrativa do oponente?

Há pessoas que têm a capacidade de ficar horas "conversando" sem que ao final nenhuma delas tenha condições de repetir o que a outra disse.

Tão ruim quanto falar e não ouvir é não falar e não ouvir. Certos indivíduos são lançados a negociar sem que tenham para isso qualquer tipo de inclinação ou desejo. Essas pessoas não têm paciência de atravessar o – às vezes – árduo procedimento transacional. Acham tudo uma grande perda de tempo. Acomodam-se na cadeira e pouco ou nada dizem quanto a suas intenções e interesses. Tampouco ouvem atentamente o que outro lado está dizendo – afinal, já conhecem a ladainha e presumem que não há nada de novo a ser aprendido ali.

Igualmente desinteressante para o processo de negociação é o sujeito que ouve tudo o que o outro lado tem a dizer, mas não consegue se fazer ouvir, seja pela falta de clareza de suas posições, seja pela dificuldade em encontrar a oportunidade de se manifestar. Ao final da reunião com esse tipo de negociador, tem-se a ilusória impressão de que houve aceitação às nossas propostas, para mais tarde descobrir que ele não as aceitou e sequer conseguimos entender o porquê, já que ele não manifestou nenhuma oposição durante nossa exposição.

Lembro-me com clareza de um episódio em que fui chamada a atuar diante de um impasse no tocante à determinada cláusula de contrato de prestação de serviços.

Tratava-se de contrato envolvendo duas empresas sediadas em locais bem distantes uma da outra. As negociações caminhavam havia três meses quando fomos contatados. A dificuldade estava na cláusula concernente à garantia. A empresa contratada argumentava que o seguro exigido pela contratante era excessivo e desnecessário nos moldes demandados, pois a contratada era responsável por apenas parte do projeto.

O corretor de seguros da contratada também estranhou a exigência da contratante, tendo em vista o escopo da contratação e ofereceu-se para propor opções mais condizentes de seguro para o caso.

Marcada a reunião, lá estavam representantes das duas empresas, seus respectivos advogados e o corretor de seguros. Conforme a conversa foi se desenrolando surgiu a informação, de forma clara e precisa, por parte da contratante: a garantia pedida era fiança e não seguro. A presença do corretor era, pois, completamente impertinente, do ponto de vista da contratante (e também da contratada, depois de feito o esclarecimento!).

Surpresa geral: somente naquele instante as partes ouviram-se atentamente e perceberam que haviam falado de coisas diferentes o tempo todo. Pode parecer incrível, mas não importa quantos sejam os envolvidos, ainda assim esse desencontro pode ocorrer.

E essa discrepância pode causar entre as partes enorme desconfiança quanto aos motivos que a movem, pois a partir do momento em que não entendemos o que faz a outra parte agir de determinada maneira, passamos a desconfiar dela e de suas intenções.

Como consequência, o próprio *relacionamento* entre as partes, quinto elemento da negociação, acaba por ser afetado, dificultando que a transação flua numa atmosfera favorável ao acordo.

Esteja atento o tempo todo para outra realidade inafastável: nem sempre intenção e impacto andam juntos.

Apesar de todo seu empenho em transmitir determinada mensagem ao outro, saiba que nada garante que o seu receptor irá interpretá-la da forma desejada pelo transmissor. A intenção de transmitir uma determinada informação e o impacto que aquela comunicação terá sobre o ouvinte podem não ser coincidentes. É um típico ruído de comunicação, que o negociador eficaz deve estar preparado para enfrentar.

Em várias simulações feitas em sala de aula, no momento de analisar o modo como uma negociação específica foi desenvolvida pelos participantes, constatamos uma repetição bastante comum dessa mesma dinâmica. Por exemplo, ao indagarmos a Pedro porque agiu de determinada forma no exercício, a resposta traria à baila uma pessoa bastante receosa e tímida na assunção de riscos. Quando perguntamos a Carlos, que negociava com Pedro, qual o impacto dessa atitude sobre si, a resposta indicava que o modo de agir de Pedro durante a negociação era agressivo e desleal; não se podia confiar nele. Embora Pedro não desejasse parecer agressivo, mas tão somente cauteloso, o impacto de seus gestos e palavras sobre Carlos fora bastante distinto do conteúdo que se desejava fosse passado.

A esta altura, pare um pouco de ler e tente lembrar os vários episódios em sua vida (profissional e pessoal) em que sua ação (ou omissão) foi interpretada de forma equivocada e o mal-entendido lhe trouxe grande dor de cabeça. Imagine agora o estrago que um incidente desses causa nas negociações.

A comunicação inadequada é o mais comum dos vilões nessas situações.

A falta de habilidade em expressar nosso pensamento com clareza e precisão desempenha importante papel na torrente de desencontros entre impacto e intenção. Lembro uma passagem do romance *O homem duplicado*, de José Saramago, que ilustra, com o costumeiro humor fino do escritor lusitano, a sensação de falta de controle sobre o que é dito:

As palavras são o diabo, nós a crer que só deixamos sair da boca para fora aquelas que nos convêm, e de repente aparece uma que se mete pelo meio, não vimos de onde surgiu, não era para ali chamada, e, por causa dela, que não é raro termos depois dificuldade em recordar, o rumo da conversa muda bruscamente de quadrante, passamos a afirmar o que antes negávamos, ou vice-versa (...).[22]

Em vez de simplesmente acusar a outra parte de ter pouca capacidade de entendimento sobre algo que foi tão claramente explicado (para usar uma expressão politicamente correta), que tal analisar criticamente o incidente e verificar qual a sua contribuição para o desentendimento ocorrido?

1. Entender o outro e ser firme na argumentação

Na comunicação, o desejável é o equilíbrio entre duas importantes atitudes: empatia e assertividade.

A empatia consiste na habilidade de demonstrar de forma precisa e desprovida de qualquer julgamento o seu entendimento sobre quais sejam os interesses, intenções, necessidades e perspectivas do outro, *sem que isso implique concordância quanto a eles.*

Pensemos na discussão envolvendo um casal durante o processo de separação:

> *Marido*: "Na divisão dos bens eu pretendo ficar com a casa da praia porque você com certeza não vai querê-la, já que sempre reclamou toda vez que eu propunha ir para o litoral."
>
> *Esposa*: "Pelo que estou entendendo, você acha que eu não quero ficar com a casa da praia porque a sua lembrança mais forte indica que eu não gosto de viajar para a praia? É isso?"

Ao manter a empatia, a esposa, no exemplo acima, faz uma observação desprovida em si mesma de qualquer valor de julgamento. Não diz se a colocação feita pelo esposo é certa ou errada, nem aquiesce com a pers-

[22] Editora Schwarcz, 2002, p. 209.

pectiva dele. Apenas demonstra que está conseguindo ver as coisas e o mundo tal qual possivelmente visto pelo marido. Assim agindo, ela tenta fazer com que o outro perceba que está sendo ouvido, manobra importante para evitar que as partes levantem seus próprios muros defensivos.

Agir com empatia de forma alguma significa concordar com o outro ou mesmo gostar do que o outro fala ou como o outro é. Não implica tampouco simpatia pelo que é dito.

Ser empático traz em si o grande benefício de desarmar o outro e desvendar seus verdadeiros interesses, o que será muito vantajoso no momento de criar opções de ganhos mútuos.

Para agir com empatia é primordial ouvir a outra parte e ser capaz de periodicamente resumir esse entendimento de modo a verificar se sua compreensão está correta, dando ao outro a oportunidade de corrigi-la, caso esteja caminhando por rumo equivocado. Foi isso que fez a esposa, ao final de sua fala, no exemplo *retro*.

A comunicação, como já dissemos, é uma via de mão dupla. O bom negociador deve combinar de maneira equilibrada a empatia e a firmeza de suas colocações. Deve ser claro e preciso, indagando também periodicamente se suas colocações chegaram com clareza ao outro lado.

O negociador é firme quando consegue expressar e defender seus interesses, necessidades, perspectivas e intenções de maneira clara.

Não há que se confundir firmeza nas colocações com beligerância, a qual deteriora a qualidade do relacionamento dos negociadores. Tampouco significa manter o domínio na conversação. Diversamente, como defende Robert H. Mnookin, implica identificar seus próprios interesses, expressá-los claramente à outra parte e inclusive investigar assuntos que o outro gostaria de deixar implícitos ou intocados.[23]

Voltemos àquela conversa do casal em processo de separação, discutindo detalhes sobre a divisão de bens comuns:

> *Marido*: "Na divisão dos bens eu pretendo ficar com a casa da praia, porque você com certeza não vai querê-la, já que sempre reclamou toda vez que eu propunha ir para o litoral".
>
> *Esposa*: "Pelo que estou entendendo, você acha que eu não quero ficar com a casa da praia porque a sua lembrança mais forte indica que eu não gosto de viajar para a praia? É isso?"

[23] *Beyond winning*. Cambridge, Massachusetts: Belknap Press of Harvard University Press, 2000, p. 47.

Marido: "É isso mesmo, ou vai me dizer que você não se lembra da sua cara toda vez que eu sugeria irmos para a praia?"

Esposa: "Claro que me lembro. Recordo perfeitamente que nós dois tínhamos perspectivas muito diferentes do que fazer na praia. Você pegava sua prancha de surfe e ficava invariavelmente horas surfando, sempre na mesma praia, enquanto eu ficava sozinha com as crianças e ainda tinha de fazer a comida. Eu adoro ir para o litoral, contanto que isso signifique passear nas praias da região, comer qualquer coisa na beira da praia, sair da beira do fogão e relaxar um pouco. Como você vê, eu gosto de mar e sol, mas não gostava dos programas que fazíamos quando íamos para a praia".

Nesse caso, vislumbramos facilmente como é possível ser concomitantemente empático e firme. Ao mesmo tempo, percebemos um grande proveito da comunicação com qualidade: ela evita que embarquemos em presunções erradas sobre os interesses do outro. Com isso, administramos melhor o tempo e, consequentemente, deixamos de perdê-lo criando opções inadequadas, como ocorreu com as duas empresas que passaram meses discutindo os termos de um contrato sem perceber que estavam falando sobre coisas díspares.

Um dos grandes desafios do negociador é conseguir ser empático e firme em situações mais calorosas de conflito, onde chances há de que você perca o controle de suas habilidades.

Nesse aspecto, é de grande valia que você conheça a si mesmo. Que tipo de negociador é você?

2. O competidor, o conciliador e o evasivo

No início deste capítulo descrevemos algumas situações que tornam a negociação bastante infrutífera em razão da postura dos próprios negociadores. A atitude diz muito a respeito da maneira como esses protagonistas se apresentam à mesa de negociação.

A doutrina estrangeira trata de alguns tipos bastante característicos,[24] mas há três deles que merecem destaque, nos quais temos certeza o leitor identificará alguns dos seus habituais confrontantes ou a si mesmo:

[24] *Thomas-Kilmann Conflict Mode Instrument* – teste preparado para identificar o perfil do negociador que a ele se submete, criado por Kenneth W. Thomas e Ralph H. Kilmann.

Competidor – é ávido, determinado e impaciente. Toma partido e geralmente gosta de manter o controle da reunião, querendo determinar como ela deve ser estruturada. Faz propostas ambiciosas e se mantém nelas forte e firme, recusando qualquer tipo de intimidação. Quando advoga, quer tudo para o seu cliente, insistindo sempre em demonstrar que está certo e que não há nada a defender na posição contrária.

Conciliador – dá grande valor ao relacionamento e quer se sentir apreciado. Externa preocupação e entendimento. Age com muita empatia e pouca firmeza de posicionamento. Imensamente preocupado em eventual dano ao relacionamento causado pelo processo de negociação, o conciliador atua de forma suave, tentando resolver eventuais diferenças da forma menos traumatizante possível. No relacionamento advogado-cliente, acaba aquiescendo em receber menos do que entende merecido na tentativa de manter-se bem visto e apreciado pelo cliente.

Evasivo – sente-se desconfortável em situações conflituosas. Não tenta conciliar ou competir, desliga-se nos momentos mais tensos. Acredita que as discussões não levam a lugar algum e que tudo no processo de negociação não passa de perda de tempo. Não gosta de lidar com o problema de frente. Como advogado, acha que nem deve comparecer à audiência de tentativa de conciliação, pois nela as partes apenas irão firmar pé em seus posicionamentos, nada se acrescentando à solução do problema.

Nenhuma dessas características é totalmente boa ou ruim. Cada uma delas guarda pontos positivos e negativos a serem considerados.

Ademais, as pessoas não têm necessariamente sempre a mesma característica em todo tipo de negociação, e pode ser mesmo que tenham mais de uma numa mesma negociação.

O importante na identificação desses padrões de comportamento é que ela facilita diagnosticar o que pode estar caminhando errado no curso da negociação, principalmente no que diz respeito à comunicação entre os protagonistas. Se o seu perfil for o de competidor, atenção para a empatia, você pode não estar escutando o que o outro lado está lhe dizendo e criar opções e propostas absolutamente inadequadas para o caso. Se for conciliador, talvez esteja deixando de afirmar com clareza seus interesses e intenções e tentando resolver rápido demais o conflito. Se for evasivo, é capaz que esteja desperdiçando uma ótima oportunidade de solucionar o impasse, deixando que ele seja resolvido por terceiros, em tempo muito mais longo, e talvez sem que seus interesses sejam alcançados.[25]

3. A importância da forma como nos comunicamos

Sabemos que diversamente do que ocorre no contencioso judicial, foro onde nossa missão é convencer o julgador, nas negociações nossa missão é convencer o outro (ou outros) envolvido(s) sobre as vantagens de nossas propostas (opções).

Quando peticionamos, recorremos ou fazemos sustentação oral, procuramos utilizar os argumentos da jurisprudência e da doutrina, ou mesmo de anteriores julgados dos magistrados atuantes, que possam persuadir quem nos lê ou ouve. Buscamos descobrir qual o entendimento do juiz sobre o tema e explorá-lo a nosso favor.

Pois bem, em negociação nosso objetivo também é convencer, por isso mesmo precisamos igualmente avistar quais as argumentações mais convincentes para persuadir o interlocutor. Mas atenção, a persuasão se dá não somente em razão do "quê" é dito, mas da mesma maneira (ou talvez ainda mais importante) em consequência de "como" é dito.

A literatura estrangeira sobre negociação utiliza o termo *framing* para designar a forma como se "emoldura" ou se "enfoca" a comunicação com a outra parte.[26] É unânime entre os doutrinadores o reconhecimento da importância do *framing*, vale dizer, do modo como são apresentadas nossas colocações para que aumentemos a viabilidade de sua aceitação.

A forma como expressamos nosso raciocínio pode impactar o ouvinte como um ganho ou uma perda em relação ao *status quo* ou a suas expectativas futuras, dependendo do parâmetro ou "ponto de referência" utilizado.

Vejamos o seguinte exemplo: a um advogado atualmente remunerado à razão de 2.000,00 euros/mês é comunicado que a partir do próximo mês

[25] Para uma classificação empírica dos litigantes, do ponto de vista do julgador, aconselhamos a leitura das definições de João Baptista de Mello e Souza Netto para os seguintes grupos: litigante de boa-fé; litigante por necessidade financeira; litigante de má-fé; e litigante amante do litígio (*Mediação em juízo*. São Paulo: Atlas, 2000, p. 33-40).

[26] "To negotiate rationally, you must remember that the way in which a problem is framed or presented can dramatically alter how you perceive the value or acceptability of your alternatives (...). The particular referent point or base line you choose determines whether you will frame your decision as positive or negative" (BAZERMAN, Max H.; NEALE, Margareth A. *Negotiating rationally*. New York: The Free Press, 1993, p. 38).

estará recebendo mensalmente a quantia de 2.300,00 euros. Para o jovem causídico esse novo valor poderá corresponder a um verdadeiro ganho, se ele tiver como ponto de referência sua atual remuneração; ou pode soar como uma perda, se sua expectativa de reajuste tiver como ponto de referência, por exemplo, os ganhos de outro advogado da banca, com aproximadamente o mesmo tempo de casa, atualmente recebendo 2.500,00 euros.

No mundo comercial há muito tempo já foi percebida a influência do *framing* na decisão do consumidor. A roupagem da comunicação é tudo! Um exemplo simples: "pelo preço de dois cafezinhos por dia você pode ter a sua disposição 42 canais de televisão". Soa conhecido? Pois é, somos bombardeados diariamente pela propaganda que tenta nos convencer a consumir, manipulando nossos pontos de referência de sucesso, prazer, gastos ordinários, conforto, justiça etc.

O modo como uma proposta é apresentada pode alterar profundamente a concepção e o valor que a outra parte atribui a sua alternativa, caso não haja acordo (falaremos especificamente sobre "alternativas" no próximo capítulo). Utilizar o enfoque correto pode ser a diferença para persuadir o outro a selar um pacto.

As seguintes perguntas devem ser respondidas: 1. que ponto de referência posso usar para melhor convencer a aceitarem minha proposta? 2. que ponto de referência está o outro utilizando que faz com que minha proposta não pareça atraente? 3. como posso trazer um novo ponto de referência para a mesa de negociação?

Ao trazer uma determinada opção de acordo para a negociação, é imprescindível que esta seja cuidadosamente apresentada para que o interlocutor, ao ouvi-la, possa nela reconhecer algum tipo de ganho em relação ao "não fazer acordo".

Na militância diária, não é raro vermos o *framing* ser utilizado de forma intuitiva: quando no âmbito de uma ação de cobrança, representando o devedor, o causídico propõe um desconto para o pagamento da dívida de uma só vez, não obstante o claro reconhecimento de que o valor devido é superior ao oferecido. Costuma-se, nesses casos, demonstrar as vantagens do recebimento rápido e menor *versus* o recebimento de data incerta, ainda que maior. Quando assim se age, coloca-se o fator tempo como ponto de referência para tentar influenciar a decisão do credor.

O negociador eficaz tem consciência da importância do *framing* e não o utiliza acidentalmente. Busca o tempo todo descobrir no outro negociador quais os seus pontos de referência importantes e que farão diferença na hora de decidir. A partir daí, fará suas opções parecerem sempre uma vantagem em relação a esses parâmetros.

4. Discuta o *processo* de negociação

Se, como vimos, na grande maioria dos casos, há uma chance de você ficar encarregado de liderar o processo de negociação, não perca a oportunidade de discutir com a outra parte *como*, de que maneira, se desenrolará a negociação.

Da mesma forma que o processo judicial tem seu procedimento, iniciando-se com a petição inicial, resposta e assim por diante, também a negociação merece ser estruturada para que possa ser frutífera.

Daí, mais uma vez, a importância da comunicação entre os negociadores.

Combine, ao início das conversações, que cada parte terá a oportunidade de mostrar suas perspectivas do problema, ainda que nenhuma delas necessite concordar com a outra. Comprometa-se a não interromper e peça para não ser interrompido.

Informe sobre seus interesses e explore os do outro. Aja empaticamente, de forma a verificar se entendeu e se foi bem entendido.

Nesse processo, é muito útil ouvir a outra parte primeiramente. O competidor apreciará a oportunidade. Mesmo o conciliador e o evasivo agradecerão a abertura. E assim você começará a compreender e visualizar melhor seu confrontante, abrindo a porta para exigir reciprocidade, ao mesmo tempo em que sedimenta a viabilidade de um acordo que de fato possa atender os interesses de ambos.

5. Relacionamento

A comunicação de qualidade, tal qual a entendemos e pregamos, tem outro grande proveito, além de possibilitar o intercâmbio de informações precisas, material essencial para que sejam criadas propostas apropriadas para a solução do conflito.

Negociadores com alta capacidade de exercitar com equilíbrio empatia e firmeza nas suas colocações possibilitam um ambiente favorável ao desenvolvimento de uma boa relação de trabalho com a outra parte.

Uma negociação também terá produzido um bom resultado na medida em que os envolvidos melhorem sua capacidade de trabalhar juntos, em vez de destruir o pouco de relacionamento que por vezes ainda resta.

Negociações muito importantes envolvem partes que já negociaram antes e que continuarão negociando no futuro. Nos cursos que apresentamos, sempre que indagamos qual a situação de negociação mais difícil para nossos alunos, invariavelmente recebemos enxurradas de respostas apontando para aquelas negociações envolvendo uma forte carga emocional (entre marido e mulher, entre pais e filhos) e aquelas envolvendo partes de relacionamento constante (entre advogado e cliente, entre cliente e fornecedor).

O respeito aos envolvidos no litígio não é só uma obrigação advinda dos códigos de ética e de processo civil, é também uma necessidade para o profissional que deseja adquirir e manter a reputação de bom negociador.

O mundo é pequeno e com o passar do tempo e a chegada de novas tecnologias vai ficando cada vez menor. Não se iluda de que a vantagem ilegítima obtida num caso específico jamais se reverterá contra você. Aquele colega a quem você destratou em situação que lhe era privilegiada pode ser o mesmo que você virá a enfrentar, futuramente, em condições opostas.

Os juízes perante os quais você exercitará suas habilidades de negociador, durante a tentativa de conciliação em audiência, também estarão lá nas suas próximas causas.

Cuide da sua reputação e mantenha-a em nível elevado: é disso que nossa classe necessita. Essa valorização começa por nós mesmos e nas atitudes que tomamos.

Uma dimensão do que seja um bom resultado na negociação pode ser aquilatada pela qualidade do relacionamento resultante dessa negociação: ao final, as partes melhoraram ou pioraram o seu relacionamento?

Como latinos que somos, é claro que temos sangue quente e que haverá atos e colocações da outra parte que nos farão perder o autocontrole.

Ainda assim, pense no seu objetivo maior, no seu interesse e naquele de seu cliente. Tente sair do palco, onde você e seu oponente são os atores principais, e coloque-se no lugar da plateia. Visualize a circunstância com o olhar do público que assiste ao que está acontecendo. Tente diagnosticar o que fez com que o seu *botão vermelho* fosse acionado e você perdesse o domínio da situação. Se possível, interrompa a reunião e continue em outro momento, criando assim oportunidade para os ânimos serenarem. Peça para ir ao banheiro, tomar um café ou dar um telefonema. Pare e reflita sobre o cenário dos acontecimentos e decida sobre suas alternativas e opções.

Não é preciso gostar do seu oponente ou admirá-lo para desenvolver uma boa relação de trabalho durante a negociação. Se assim fosse, seria inexistente a negociação com sequestradores ou presos amotinados. Da mesma forma, não é preciso nutrir nenhum tipo de afeto ou consideração pelo colega que representa a outra parte.

Quando falamos em relacionamento, em negociação, falamos da relação entre os negociadores que, *durante o processo de transação*, torna possível o fluxo de informações e viabiliza seja alcançado o acordo de ganhos mútuos.

Ao defender a qualidade do relacionamento no correr da negociação, busca-se ganhar o respeito do seu confrontante e estar em posição de exigir dele a reciprocidade, tornando possível a civilidade necessária para que a transação flua de forma satisfatória.

A forma como serão alocados os recursos disponíveis na negociação, ou, em outras palavras, como será "dividido o bolo" entre as partes, será fortemente influenciada pelo tipo de relacionamento desenvolvido pelos negociadores. Por esse motivo, muitas negociações entram em colapso quando um dos envolvidos está particularmente irado com o outro e faz com que seu objetivo deixe de ser maximizar a satisfação de seus interesses e passe a ser maximizar o dissabor para o outro (algo próximo a tornar sua vida um inferno). Essa mudança de foco inviabiliza qualquer negociação.

A mudança de foco também pode ocorrer com a combinação perversa de relacionamento deteriorado com a comparação dos resultados obtidos entre as partes. Se, em vez de manter o objetivo na maximização da satisfação de interesses, busca-se a cega "igualdade" dos resultados alcançados por ambos os negociadores, como critério para a "justiça" da negociação, pode-se facilmente cair na maldição do "abraço do afogado", em que ambos os envolvidos atingem um resultado igualmente insatisfatório. Cabe sempre lembrar que há um ser humano dentro de cada negociador, e sentimentos menos nobres, como a inveja, podem influenciar negativamente a qualidade do resultado alcançado na negociação.

O negociador profissional precisa agir racionalmente e manter o foco na satisfação de seus interesses, atento à importância de um relacionamento minimamente civilizado para poder alcançar esse objetivo.

Capítulo 9
Alternativas: e se o acordo não sair?

Salomão esteve à frente de um reinado marcado por 40 anos de paz e prosperidade. Sua solução para o conflito entre duas mulheres que disputavam a maternidade da mesma criança o fortaleceu no poder, de forma que até os dias de hoje é aclamado o mais sábio dos reis. Os fiéis atribuem a origem da sua sabedoria aos desígnios de Deus.

É por demais conhecido esse episódio bíblico envolvendo duas mulheres que pleiteavam, fervorosamente, ser a mãe de determinada criança. Levado o problema ao Rei Salomão, ele ouve atentamente as argumentações de cada mulher, até que determina que seja a ele trazida a criança objeto da disputa. Decide, então, que, diante da impossibilidade de se determinar qual a mãe biológica, cortará a criança em duas partes e entregará a cada mulher a sua porção. Somente uma delas abre mão da criança para que o rei não execute sua decisão. E é a essa mulher que a criança é entregue.

Desde então, diz-se salomônica a decisão que resolve dividir ao meio o que é objeto do litígio, dando a cada parte metade do que é solicitado.

Entretanto, se analisarmos o incidente bíblico à luz da negociação baseada nos interesses, tal qual tratada neste livro, conseguiremos facilmente identificar a verdadeira sapiência da decisão real.

Primeiramente, vejamos qual a opção apresentada pelo rei: cortar a criança ao meio. Isso significa que essa opção, na falta de acordo espontâneo entre as mulheres, era a morte da criança.

Para a verdadeira mãe, essa não é de forma alguma uma opção aceitável para atendimento de seu *interesse* materno (as mães querem sempre o melhor para os filhos e a morte é o oposto desse *interesse* primário).

Ao criar uma opção tão contrária e inadequada ao *interesse* de qualquer mãe, Salomão estava explorando exatamente quais os *interesses* que moviam aquelas duas mulheres, que desesperadamente verbalizavam o amor materno e exigiam os direitos dele advindos.

Para a autêntica genitora da criança, a *alternativa* que lhe restava, deixar a criança com a outra mulher, era infinitamente melhor do que a opção proposta pelo soberano (a morte do pequeno).

Sábios o rei e a mãe.

1. Alternativa: o que é?

Na teoria da negociação, chamamos de *alternativa* todos os caminhos que nos restam caso não consigamos fechar o acordo que desejamos.

Assim, *opções* são as propostas possíveis para se fechar um acordo e *alternativas* são as escolhas que nos sobram na eventualidade de não se chegar ao *sim* entre as partes.

Exemplifiquemos para mais facilmente enxergar a distinção:

Uma advogada recém-formada pretende iniciar sua carreira na área empresarial e em razão disso passa a enviar currículos para diversos bancos. Concomitantemente, é convidada a juntar-se a um grupo de contemporâneos que estão inaugurando escritório próprio. Seu *interesse* maior é desde logo fazer parte do departamento jurídico de uma grande corporação.

Dois meses após o envio dos currículos, recebe resposta de duas instituições financeiras, para as quais agendou entrevistas. Tanto uma como outra empresa são *opções* interessantes para os planos da jovem causídica.

Se nenhuma das entrevistas se mostrar frutífera, vale dizer, se não resultarem em acordo interessante para banco e candidata, haverá então a *alternativa* de trabalhar no escritório com os colegas de faculdade.

Ou seja, a *alternativa* é o que restou por força dos acordos não celebrados com as instituições bancárias.

2. Qual a importância da *alternativa* no processo de negociação?

Conhecer as suas alternativas e as da outra parte é missão fundamental do negociador *antes* mesmo de iniciar qualquer transação.

Primeiramente, é o conhecimento de nossas alternativas que dá a medida da qualidade de nossa negociação. É conhecendo nossas alternativas que podemos decidir *quando* e *se* fechamos um acordo.

Suponhamos que você entre numa loja de carros e decida que gostou de um deles. Ao perguntar o preço, o vendedor lhe responde que aquele veículo custa 50.000,00 euros. Como saber se esse é um bom negócio? Impossível sabê-lo sem conhecer as *alternativas*. Se não visitar outras lojas e particulares que estejam vendendo automóvel do mesmo ano e marca, você jamais saberá com certeza se o valor pedido é alto ou baixo. Desconhecerá, portanto, se fez ou não um bom negócio.

Se a sua *alternativa* for melhor que a *opção* que lhe está sendo proposta, você não deve fechar o acordo.

Eis aí uma ferramenta preciosa para decidir a conveniência do fechamento de determinado acordo: conhecer suas *alternativas*.

Repetimos, não inicie qualquer processo de negociação desconhecendo quais são suas alternativas, caso o acordo com a outra parte não saia. Mais: pense cautelosamente em todas as alternativas possíveis. Eleja a melhor delas, que será, então, o seu referencial para decidir pelo fechamento ou não de um acordo, contrato ou qualquer tipo de transação. Essa será a sua MASA (Melhor Alternativa Sem o Acordo).[27]

O propósito da negociação não é o de *sempre* chegar a um acordo. Negociação, assim como o processo judicial, é um meio para se alcançar um fim. Dominar o processo de negociação tem o condão de propiciar a plena consciência de modo a poder decidir quando o acordo pode satisfazer seus interesses mais do que a sua melhor alternativa (MASA).

3. A MASA e o poder de negociação

Quanto melhor a sua MASA, mais poder você terá na mesa de negociação.[28]

Só nos propomos a negociar coisa que seja para obter resultado mais favorável do que nos caberia sem o acordo. Dessa maneira, sua MASA é o padrão, o parâmetro em relação ao qual qualquer opção de acordo deve

[27] Expressão cunhada do original em inglês BATNA – *Best Alternative to a Negotiated Agreement*, criada no Projeto de Negociação de Harvard. Os livros de autoria de Roger Fisher sobre negociação, traduzidos para o português, adotam a sigla MAANA (Melhor Alternativa à Negociação de um Acordo). Preferimos a abreviatura MASA, tal qual apresentada por Sérgio de Freitas Costa na Fundação Getulio Vargas e na Business School São Paulo.

[28] "BATNA is the key to negotiating power. Your power depends less on whether you are bigger, stronger, more senior, or richer than the other person than on how good your BATNA is. If you have a viable alternative, then you have leverage in the negotiation. The better your BATNA, the more power you have" (Ury, William. *Getting past NO*. New York: Bantam Books, 1993, p. 22).

ser medida. Somente conhecendo muito bem a sua MASA você poderá evitar aceitação de condições exageradamente desfavoráveis ou recusa a propostas verdadeiramente interessantes.

Negociar desconhecendo sua MASA significa andar em areia movediça. Você poderá iludir-se quanto à qualidade da opção que lhe é proposta pela outra parte, tanto para o lado otimista quanto para o pessimista. Poderá acreditar que a opção é excelente, quando ela verdadeiramente não é, da mesma forma que poderá crer piamente que não existe fora do acordo nada que preste, quando, na realidade, sua alternativa mais atraente, sua MASA, está muito próxima à proposta recebida.

A identificação de sua MASA passa primeiramente pela sua individualização. Tendemos a pensar nossas alternativas em bloco. Por exemplo, "se não fizer o acordo, vou ter de procurar outro emprego". Entretanto, as alternativas devem ser pensadas de forma individualizada e depois valoradas para que possamos, dentre as existentes, eleger a melhor, que será a nossa MASA. Assim, na citada situação, é necessário investigar se já temos alguma outra perspectiva de emprego, quais são, e quais as condições de cada uma delas.

Outro engano comum consiste em conhecer suas alternativas, mas deixar de explorá-las, contando no fundo d'alma que o acordo vai sair. Tentar manter o "pensamento positivo" é salutar. Ignorar que o acordo *pode* não sair é insensato.

4. Melhore a sua MASA

O desenvolvimento de sua MASA torna viável extrair o melhor acordo possível. Afinal, evitar um acordo ruim não é o mesmo que fechar um bom acordo.

A sua MASA precisa ser trabalhada para que possa se tornar de qualidade. Cabe a você desenvolvê-la.

Pensemos numa situação envolvendo discórdia entre credor e devedor sobre determinado título executivo. Como advogado do devedor você pode vir a enfrentar um colega bastante avesso a conversações. Se ele se recusar a negociar, ou propuser uma transação muito desfavorável aos seus interesses, o que lhe restará fazer? Você só pensará nisso depois de receber uma recusa peremptória? Não! Pense nisso enquanto está negociando, ou mesmo antes de iniciar as conversações, no que fará se o acordo não vingar. Se a outra parte ameaça enviar o título a protesto, para prejudicar o crédito de seu cliente no mercado, desde já deixe tudo preparado para a sustação desse protesto. Faça a outra parte enxergar que você tem alternativa mais interessante que a proposta que ela está lhe fazendo, ajuizando uma cautelar de sustação de protesto.

De volta ao exemplo envolvendo a procura de um novo emprego, não basta genericamente argumentar que você recebeu propostas mais interessantes. Corra atrás dessas propostas, dê nomes e dados precisos sobre suas alternativas para que seu entrevistador possa mensurar a qualidade da proposta que está fazendo e acreditar que você, de fato, tem alternativas.

5. Conheça as alternativas da outra parte

Conhecer as alternativas que à outra parte são reservadas é tão precioso quanto conhecer suas próprias alternativas. Afinal, quais as chances de aceitação das opções que você apresentar, se elas são piores que as alternativas que o outro lado tem?

Se você desconhece as alternativas da outra parte, poderá estar subestimando ou superestimando o poder de fogo dela na negociação.

Ignorar as alternativas do seu oponente pode turvar-lhe a visão das reais possibilidades da negociação. Assim, pode ser que para determinada situação a alternativa da outra parte seja muito melhor que a melhor opção que você possa propor. Nessas condições, o acordo certamente não se consolidará.

O que fazer quando a MASA da outra parte é melhor que a sua oferta?

Pergunte a si mesmo o que você pode fazer para deixar a MASA do outro menos atraente.

De volta ao exemplo envolvendo credor e devedor e suas discrepâncias acerca de determinado título de crédito, o advogado do credor imagina que levando o título a protesto forçará o recebimento da totalidade da quantia que entende devida, pois tem ciência da inexistência de qualquer outro protesto em nome do *ex adverso*. Sabe também que o protesto causará abalo no crédito do suposto devedor de modo a significar um prejuízo muito superior ao valor da contenda.

Se o advogado do devedor vier a sustar judicialmente esse protesto, sabe o advogado do credor que é indeterminado o tempo pelo qual as partes ficarão debatendo perante o Judiciário. Mais ainda, devido às circunstâncias do caso, pode ser que nenhum deles tenha certeza absoluta sobre para que lado penderá a balança da Justiça.

Assim, ao sustar o protesto, o advogado do devedor piora a MASA da outra parte, podendo fazê-la rever sua posição de intransigência e voltar à mesa de negociação. É claro que isso só acontecerá caso o patrono do devedor deixe a porta aberta para essa conversação.

Nesse contexto, a questão de administração do tempo é altamente relevante. Movimentos tardios podem inviabilizar o acordo, tornando a alternativa mais interessante do que o acordo.

Cito o caso real de uma briga de acionistas já em fase judicial. Os réus tentavam insistentemente consolidar um acordo para evitar que a questão fosse adiante no Judiciário. Temiam que a questão fática fosse de difícil compreensão aos menos iniciados naquela área comercial específica. Pressentiam que o perito nomeado não conseguiria visualizar o foco verdadeiro da briga que se travava e consideravam arriscado deixar nas mãos de terceiros a solução do conflito.

O acionista-autor manteve-se posicional o tempo todo, recusou-se a discutir interesses e opções, não obstante o seu próprio patrono já estivesse bastante convencido dos méritos da negociação.

Acabou-se consolidando o pior dos temores dos réus: o laudo deixara de fato de apreciar a questão da forma devida, sendo eles condenados, nos termos da conclusão do trabalho do *expert*. Somente nesse momento teve o requerente a iniciativa de procurar os réus para um acordo.

Ocorre, entretanto, que, a essa altura, os ânimos entre as partes estavam completamente deteriorados. Os demandados sentiam-se injustiçados pelo Judiciário e pelo demandante. Passaram a sentir fome de justiça e não viam nenhuma vantagem em conversar após a prolação da sentença, a qual acreditavam que poderiam reformar. A *opção* de cumprir a condenação, como desejado pelo autor, era infinitamente pior do que a *alternativa* de recorrer e tentar reverter a situação em segunda instância, cuja pior hipótese seria a manutenção do fatídico *decisum*.

Se a alternativa era melhor que o acordo proposto pelo requerente, por que motivo haveriam os réus de concordar com ele? Perdeu o autor a oportunidade de resolver de forma rápida e certeira seu litígio. Agora estavam todos juntos, aguardando, *sine die*, que o Estado decidisse o destino de sua peleja.

A má administração do tempo também pode fazer com que se perca uma ótima oportunidade de *não* fechar um acordo.

Imaginemos que exista uma alternativa muito boa, caso não se consolide determinada transação – uma MASA de excelente qualidade, por exemplo, outra proposta de emprego quase tão boa quanto o posto cujas condições para permanência você agora negocia. Sua demora excessiva no processo de negociação pode fazer com que essa alternativa desapareça, com o surgimento de outro candidato mais interessante para aquela outra empresa, enfraquecendo, assim, seu poder de fogo nessa presente transação.

Por outro lado, considere a situação em que ambos os lados tenham MASA convidativas. Talvez a melhor saída seja não fazer nenhum acordo. Em tais circunstâncias, é bastante possível concluir, de forma civilizada e eficaz, que o melhor caminho para a satisfação de seus interesses esteja fora das condições de acordo possíveis às partes contratantes.

6. Peculiaridades em razão de possível demanda judicial

No âmbito do confronto prestes ao litígio judicial, há ainda uma circunstância bem *sui generis* a ser considerada: as partes litigantes comumente têm expectativas bastante diversas sobre as chances de seu caso perante o Judiciário.

Essas expectativas divergentes podem ter origens diferentes:

1) uma parte pode conhecer fatos que a outra desconhece;
2) as partes podem ter interpretações e percepções diferentes sobre os mesmos fatos;
3) os advogados de cada parte podem ter conhecimentos técnicos distintos a respeito da lei e jurisprudência aplicáveis ao caso concreto.

Aqui, novamente, se cada um acredita que sua alternativa, via Judiciário, é superior ao melhor acordo possível, dificilmente haverá espaço para a transação. Nesse caso, a tarefa do negociador é tentar demonstrar que a mais recente jurisprudência não vai ao encontro do entendimento defendido pelo outro, ou que ela não é pacífica, ou, ainda, e talvez mais eficaz, que o tempo demandado para o resultado judicial poderá torná-lo inferior ao almejado, ou até inócuo.

Como as partes e advogados administram situações de risco, também podem ter grande influência no momento de decidir sobre acordo ou demanda.

Se ambas as partes são avessas ao risco, há maior espaço para a viabilização da transação (*Zone of Possible Agreement* – ZOPA), pois que para esse tipo de negociador dar mais do que o pretendido ou receber menos do que o desejado é preferível ao risco envolvido em um julgamento desconhecido.

Ao contrário, se uma ou ambas as partes e seus respectivos advogados têm espírito mais arrojado quanto a situações de risco, haverá mais dificuldades na composição amigável.

Não devemos esquecer, também, que há casos que simplesmente não serão objeto de solução negociada pelo simples motivo de que tal saída não vai ao encontro dos interesses do demandante. Há situações em que apenas a vitória judicial pode satisfazer o interesse das partes envolvidas - como acontece com medidas judiciais que são movidas pelo interesse corporativo estratégico de desvalorizar as ações de uma companhia.

Esteja atento, porém, para aqueles que mandam sinais de desejo inarredável da jurisdição como mera tática de pressão. Alguns litigantes gostam de dar a impressão de que gastarão dinheiro e tempo necessários, não importa quanto, pelo sabor de assistirem à derrota do confrontante. Muitas vezes esses sinais são enviados para confundir o oponente sobre as expectativas de vitória nos tribunais, fazendo, assim, com que o outro reavalie sua proposta, reduzindo-a ou aumentando-a a um patamar mais aceitável.

Por fim, não se pode deixar de ressaltar a relevante participação do advogado na decisão sobre ajuizar a demanda ou persistir na via negociada. Isso porque, na maioria das situações, o cliente não tem conhecimento técnico suficiente para avaliar suas alternativas ao acordo. No litígio, a alternativa ao acordo é tipicamente a jurisdição. Sem o advogado, o leigo não tem como saber se o acordo é melhor que suas chances no Judiciário. Nessas condições, a manipulação de informações tanto por parte do cliente quanto por parte do advogado pode impedir que seja escolhida a via mais adequada para a solução da pendência.

7. Uma palavra sobre a "justiça" da opção criada

Do que foi dito até agora, parece simples e objetiva a decisão de fechar ou não um acordo: se a melhor opção criada no processo de negociação for mais vantajosa e interessante que sua MASA, diga *sim*. Caso contrário, não transacione.

Fique atento, porém, ao fato de que não somos computadores para os quais a inserção de dados objetivos resultará inexoravelmente em conclusão da mesma natureza.

O abstrato e moral conceito do justo permeará sempre o julgamento que as partes farão sobre as opções apresentadas. Esse aspecto está intimamente ligado à importância do elemento legitimidade nas negociações, sobre o qual falamos no Capítulo 7.

Imaginemos a seguinte situação: alguém se aproxima de duas pessoas que estão conversando e faz a seguinte oferta: "Tenho aqui uma nota de 100,00 euros. Se vocês chegarem a um acordo sobre como dividi-la, ela será de vocês. Caso contrário, voltará para mim". Rapidamente, um dos candidatos ao inesperado prêmio propõe ao outro: "Eu fico com 95,00 euros e você fica com 5,00 euros. É isso ou não há acordo. Pense bem, 5,00 euros é melhor do que nada".

Objetivamente, é claro que 5,00 euros é mais vantajoso do que ficar sem nada, mas como lidar com os sentimentos de extrema injustiça da oferta?

A experiência no ensino de negociações para advogados e executivos da área de negócios mostra que aqueles são muito mais afetados pela retidão da oferta. Aceitar proposta que, embora melhor que a MASA, traz em si grande desequilíbrio na distribuição dos bens negociados, demanda enorme esforço do patrono.

Por tudo isso, atenção na hora de apresentar ao outro uma opção que se mostre exageradamente "injusta", embora claramente superior à MASA do interlocutor. Além dos danos irreversíveis ao relacionamento (sobre o qual tratamos no Capítulo 8), não será surpresa alguma se o conflito chegar ao Judiciário ou se o contrato deixar de ser celebrado.

A percepção que cada um dos envolvidos tem sobre os fatos e seus direitos é diferente. Disso decorre que a "justiça" ou "injustiça" da proposta variará de acordo com os olhos e ouvidos, com a percepção do destinatário. Voltamos então ao ponto recorrente no estudo da negociação: a importância de se manter consciente de como o outro enxerga o cenário.

Capítulo 10
Amarrando o acordo de maneira efetiva

Depois de explorados os *interesses* e criadas as *opções*, as quais são cuidadosamente analisadas em confronto com as *alternativas* existentes, através de *comunicação* eficiente mantida por um bom *relacionamento* de trabalho construído pelos negociadores, imaginemos as partes concluíram que o acordo deve ser fechado.

Nesse momento, a coincidência dos papéis de advogado e negociador é valiosa e fará possível materializar o acerto concretizado por meio de instrumento legal eficiente, oponível às partes.

O *compromisso*, sétimo e último elemento da negociação, tem chances de ser mais bem manejado quando o negociador é um operador do Direito.

Na teoria da negociação, compromisso é qualquer declaração oral ou escrita sobre o que as partes farão ou deixarão de fazer com o fechamento do acordo. Compromissos podem ser feitos ao final de uma negociação, ou aos poucos, ao longo do procedimento, em pontos específicos sobre os quais as partes entendam que possam desde logo aquiescer.

Estaremos diante de um compromisso bem estruturado quando ele for ao mesmo tempo exequível, exigível, prático e duradouro.

Advogados, em geral, são ávidos em se comprometer e exigir compromissos da outra parte.

Nenhuma surpresa nisso, quando sabemos que temos nossas bases de pensamento no *dever ser* e não no *ser*.

Não se esqueça, porém, que ao negociar você só começará a falar em compromissos após ter explorado suficientemente a questão dos interesses e criado o máximo de opções possíveis que possam implicar ganhos para ambos. Antes de passar por esse estágio de exploração, é precipitada qualquer oferta ou exigência quanto à assunção de obrigações.

É erro comum entre negociadores aceitarem e comprometerem-se com a primeira proposta que parece viável, deixando de pesquisar outras também promissoras. Ao assim agirem, fecham acordos inferiores aos que poderiam ter sido alcançados para a situação.

Pense também se o acordo, da forma como está sendo proposto, pode ser operacionalizado. Concentre-se na exequibilidade. A falta de preocupação do patrono com a realidade e o contexto em que se insere a transação pode fazer com que desenhe acordos que não têm como serem cumpridos pela parte.

Todo o esforço e dedicação empenhados no processo de negociação podem não passar de perda de tempo, se ao final não se puder alcançar um compromisso exequível, isto é, passível de implementação.

Use seus conhecimentos jurídicos de forma a propiciar a plena execução do combinado. Pense no instrumento mais adequado para obrigar a outra parte a cumprir o acordo alcançado após árduo debate.

Nada mais frustrante do que fechar um acordo em audiência e perceber que não foram tomados os cuidados necessários para estimular o seu cumprimento, vendo renascer a briga entre as partes praticamente de onde se a deixou.

Pense nas penalidades, nos incentivos ao cumprimento (adimplemento) e nas garantias que devem constar do compromisso. Faça com que cumprir o contratado seja muito mais interessante às partes do que inadimplir.

Assim como não se deve deixar de considerar as *alternativas* enquanto se está negociando, pois, embora não o desejemos, o acordo pode não ser alcançado, igualmente, ao elaborar o termo do acordo entre as partes, imagine e indique as consequências, caso as obrigações assumidas não sejam total ou parcialmente cumpridas.

Reconheça que os compromissos que estimularão as partes a cumprir o acordado não se resumem ao que restar documentado. Há aspectos de ordem moral e psicológica que não podem ser ignorados sob pena de desfazimento posterior do acordo.

Quando tratamos do elemento *opções*, no Capítulo 5, mostramos que há situações em que a opção criada por uma parte é recusada pela outra exatamente por ter origem no oponente. Falamos, então, que uma saída criativa seria um acordo entre os advogados no sentido de deixar as glórias da criação da proposta para o patrono da parte mais temerosa. Ora, se esse compromisso não for lealmente cumprido pelos causídicos, poderá ser desnecessariamente rompido o acordo.

O advogado, como negociador, deve ser conhecedor das leis, ter senso estratégico e estar atento aos vários componentes de ordem psicológica de que é feita a ação humana.

Ao preparar o termo do acordo, seja ele feito em audiência ou trate da minuta de avenças de qualquer natureza, pense em quem o estará lendo e zelando pelo seu cumprimento. Use a linguagem adequada, evitando que ocorram erros desnecessários de interpretação pelas pessoas envolvidas diretamente no seu cumprimento. Pense não só na hermenêutica judicial, mas também naquelas que, ao final, tentarão cumprir o que foi celebrado.

Lembre-se de que ao redigir um contrato (aqui entendido como qualquer acordo entre as partes) sua primeira missão como conselheiro do contratante será identificar os riscos envolvidos na transação e desenhar mecanismos de incentivo à redução desses riscos.

Capítulo 11

Os interesses distintos de constituinte e constituído

Toda negociação legal, assim entendida a transação que envolve a necessária participação de um advogado, parte basicamente de quatro sistemas de relacionamento: cliente "A" – cliente "B"; advogado "A" – advogado "B"; advogado "A" – cliente "A"; advogado "B" – cliente "B".

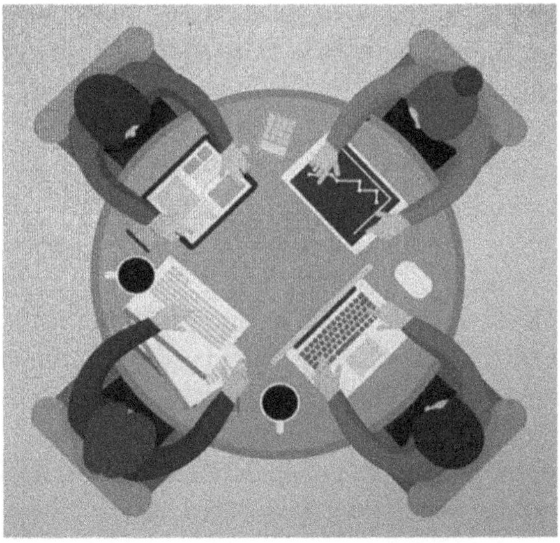

Cada um desses relacionamentos carrega em si uma gama própria de expectativas, perspectivas, informações e interesses.

O ingresso desse terceiro (o advogado) no relacionamento entre as partes pode ser uma bênção ou um desastre, dependendo de como agem entre si cliente/advogado e advogado/advogado.

Nos meios comerciais a presença do advogado é vista com grande antipatia por aqueles que entendem que esse profissional só atrapalha o harmonioso andamento dos negócios. Também é comum ver juízes barrando as manifestações de advogados em audiências de tentativa de conciliação, temerosos de que os patronos alimentem a discórdia entre as partes, em vez de auxiliar na conciliação.

Se pensarmos no elemento *comunicação*, tão importante, como vimos, para a eficiência do processo de negociação, veremos que o advogado pode desempenhar papel valioso para a viabilização do acordo. O profissional tem melhores condições do que seu cliente de entender os interesses e as perspectivas da outra parte, agindo com empatia. Nos casos em que não existe qualquer relacionamento salutar entre as partes, os advogados podem cumprir importante papel de ligação entre elas.

A intervenção do advogado, entretanto, pode também ter efeito diametralmente oposto. O causídico pode alimentar rancor e desentendimento entre os litigantes, criar falsas expectativas quanto ao sucesso da demanda e tornar absolutamente impossível qualquer tipo de conciliação.[29]

Sendo nós tão importantes nesse contexto, melhor compreendermos bem as tensões envolvidas nesses relacionamentos nascidos da estrutura da negociação legal.

1. Interesses discrepantes

Tratamos até aqui dos interesses das partes, assim entendidos os interesses dos nossos clientes, dos nossos constituintes. Afinal, para defender esses interesses é que somos contratados.

Entretanto, há situações em que a negociação não se mostra frutífera e esse insucesso em nada se relaciona com o impasse entre as partes principais. Por vezes, é a falta de alinhamento entre os interesses da parte e seu patrono que influencia o resultado da negociação.

Pode parecer sacrilégio o que se passará a dizer, principalmente quando se pensa nos rígidos conceitos éticos que norteiam nossa profissão, mas

[29] "Because of their skills and experience, lawyers have what Abraham Lincoln described as 'superior opportunity to do good'. They can be peacemakers. They can help people construct fair and durable commitments, feel protected, recover from loss, and resolve disputes. Lawyers also have the ability to do considerable harm. They can aggravate and run up substantial transaction costs" (Mnookin, Robert H. *Beyond winning*. Cambridge, Massachusetts: Belknap Press of Harvard University Press, 2000, p. 3).

pretendemos tratar sem rodeios a realidade da militância e os dilemas que o causídico enfrenta quando defrontados os seus interesses com os de seu cliente. E as atitudes que consciente ou inconscientemente são levadas a efeito em tais situações.[30]

Nossa experiência ministrando cursos de negociação para advogados tem demonstrado como é evidente essa tensão entre representante e representado. Há exercícios de simulações de casos, bastante comuns, nos quais é estabelecida forma de contratação dos honorários do advogado contrária à oportunidade de fechar acordo mais conveniente para o cliente. Quando aplicados esses exercícios, muitos advogados escolhem a opção que mais os beneficia, em detrimento da opção mais próxima do interesse do constituído, embora sem prejudicá-lo.

Abstratamente, estaríamos no melhor dos mundos se houvesse integral coincidência entre os interesses de patrono e cliente. Na realidade, o que ocorre é exatamente o oposto. São essencialmente distintos os interesses de constituinte e constituído.

Pensemos numa causa de responsabilidade civil. O interesse do demandado é demonstrar que não incorreu na causa que deu origem ao dano e, portanto, livrar-se de ser condenado a pagar pelos prejuízos experimentados pela parte demandante. Quer ser bem assessorado e defendido, gastando o mínimo de recursos financeiros necessários para alcançar essa finalidade.

O interesse do patrono é bastante distinto. O mandatário pretende ser remunerado pelo seu trabalho da melhor forma possível. Quer receber o que entende ser justo, mas esse conceito sobre o que é justo em termos de remuneração não é de forma alguma pacífico entre o advogado e o seu cliente. Deseja o causídico, igualmente, melhorar sua reputação profissional, seja ganhando a causa em juízo, seja fazendo um bom acordo para o seu cliente, fora dos autos. Pretende, ainda, o advogado cativar esse cliente, de forma que ele não só retorne como também possa futuramente trazer outros clientes e assim manter impulsionada a atividade que lhe dá sustento.

30 A doutrina estrangeira é profícua nos estudos sobre conflitos de interesses entre advogado e cliente, ou entre agente e representado: Ronald C. Ruthford, Thomas M. Springer e Abdullah Yavas, *Conflicts between principals and agents*: evidence from residential brokerage; Ronald J. Gilson e Robert H. Mnookin, *Disputing through agents*: cooperation and conflict between lawyers in litigation; Geoffrey P. Miller, *Some agency problems in settlement*; artigos citados por MNOOKIN, Robert H. *Beyond winning*. Cambridge, Massachusetts: Belknap Press of Harvard University Press, 2000.

É ilusório crer que esses interesses discrepantes jamais se confrontarão.

Da mesma maneira, a questão de sobrevivência do advogado e, às vezes, seu dever ético fazem com que ele muitas vezes venha a defender posições de seus clientes que não seriam ordinariamente objeto de sua dedicação – e das quais, inclusive, intimamente discorda.

Como negociar a sua contratação de forma que ela seja o menos conflitante possível com os interesses do seu constituinte?

2. Formas de contratação usuais

A prática tem apresentado as seguintes formas clássicas de contratação de advogados:

> *Valor fixo* – estabelecem cliente e patrono o valor que entendem razoável para o trabalho a ser desenvolvido pelo advogado, o qual poderá ser pago adiantadamente, durante a prestação dos serviços ou ao seu final.
>
> *Percentual* – fixam advogado e cliente um percentual sobre o bem jurídico objeto dos serviços advocatícios, o qual poderá variar caso haja composição entre as partes antes ou após o ajuizamento de demanda judicial. Também pode ser pago antecipadamente, durante os serviços ou ao final deles.
>
> *"Ad exitum"* – pode abarcar as duas categorias anteriores. Mandante e mandatário estabelecem o valor fixo ou percentual do valor envolvido na causa, que só será devido ao causídico em caso de êxito. Geralmente, é o cliente que arca com as despesas no curso da prestação desses serviços.
>
> *Tempo despendido* – importado dos Estados Unidos, esse sistema, também conhecido por *time sheet*, é bastante usual nos grandes escritórios de advocacia, contratados por empresas multinacionais e estrangeiras. É fixado o valor/hora do profissional, o qual mantém controle do tempo despendido na defesa dos interesses do cliente. Periodicamente, recebe o cliente um relatório com o total de horas trabalhadas, devidamente discriminadas, para o pagamento.

Há advogados que se sentem confortáveis com apenas uma dessas espécies de contratação, motivo pelo qual muitas vezes deixam de ser justamente remunerados, ou terminam por propor condições desvantajosas, recusadas pelo cliente em potencial.

No dia a dia, somos contratados para uma variada gama de serviços. Podemos ser procurados por alguém que tenha acabado de receber uma carta de citação, por quem esteja prestes a celebrar um importante contrato, por pessoas que se veem incapazes de negociar determinado conflito sem a intervenção de um terceiro etc.

Em assim sendo, é fácil antever que a justiça de nossa remuneração não está isoladamente consagrada numa única forma, dentre as classicamente conhecidas.

Um modelo bastante conhecido, tratando-se de causa de natureza patrimonial, é a cobrança de honorários equivalentes a 10% do valor envolvido, se houver uma saída amigável para a solução do litígio, e 20% desse mesmo valor, se o conflito só encontrar solução ao final do processo (e após muitos anos de embate processual, é claro).

Esse arranjo pode se mostrar justo se pensarmos na remuneração pelo tempo em que ficamos vinculados a determinado problema de nosso cliente.

Pode ser, entretanto, combinação desestimuladora de uma solução mais atraente *para o mandante*. Se, no correr do processo, mais perto de seu final, a outra parte propuser um acordo, bastante razoável dentro das circunstâncias, pode ser que o advogado não se sinta incentivado a aquiescer, se vislumbra que em breve o processo terminará e, então, terá ele oportunidade de ser gratificado em dobro.

Imaginemos outra hipótese: o cliente traz a sua versão dos fatos, para a qual são dimensionados pelo causídico as dificuldades que estão por vir e, aproximadamente, o tempo da demanda a ser ajuizada. Combinam advogado e cliente um valor fixo de honorários. Após a contestação, percebe o advogado que a questão é muitíssimo mais complexa, a exigir muito mais do seu tempo e dedicação do que originalmente projetado. Na ocorrência da audiência de conciliação, esse patrono estará mais fortemente inclinado a celebrar acordo com a parte contrária, ainda que ao final do processo seu cliente tivesse grande chance de sucesso total.

Assim, antes de pensarmos em negociar pelo nosso cliente, é imprescindível que com a mesma cautela e diligência celebremos o acordo sobre as condições em que trabalharemos: como seremos remunerados, como prestaremos conta de nossos serviços etc.

Imaginemos que o cliente nos surja com uma dívida que pretenda que seja paga pelo suposto devedor. O que mais interessa a esse cliente, receber a quantia em seis parcelas mensais ou vir a receber o todo dali a quatro anos? Se a primeira opção é a que melhor atende aos interesses do cliente, por que motivo o advogado deve receber menos pela primeira opção?

Explore junto ao cliente seus verdadeiros interesses e mostre que sua remuneração deve ser proporcional ao seu empenho e sucesso na satisfação desses interesses. Pense em soluções híbridas, mesclando mais de uma espécie de contratação, contanto que busque alinhar os interesses de patrono e parte.

O mesmo ocorre com as prestações de contas. Inúmeros clientes reclamam do longo tempo sem notícias do andamento de determinado processo, enquanto os advogados, por seu turno, não se sentem obrigados a ficar encaminhando relatórios sobre feitos onde nada de excepcional acontece há meses. Compete a advogado e cliente previamente combinar como se dará essa prestação de contas, sob pena de atritos desnecessários virem a acontecer.

Ao invés de evitar assuntos que possam parecer fonte de atrito entre você e seu cliente, encare-os diretamente desde o início. Assim agindo, você estará evitando que esses conflitos passem do potencial para o real.[31]

[31] E com a entrada em vigor no Brasil do atual Código de Ética e Disciplina da OAB (2016), o que foi defendido neste capítulo recebeu amparo institucional, visto que o art. 48, § 5º, não permite que o advogado diminua "os honorários contratados em decorrência da solução do litígio por qualquer mecanismo adequado de solução extrajudicial".

Capítulo 12
O processo de negociação

O que apresentamos até o momento são os ingredientes indispensáveis para que a negociação propicie a maximização de resultados e para que o negociador possa agregar valor às transações que venha a enfrentar e, quem sabe, surpreender seu cliente, entregando-lhe algo diferente e ainda melhor do que o que tinha em mente quando buscou o auxílio do advogado para a solução de seu problema.

Esses ingredientes, no entanto, devem ser colocados em prática de maneira ordenada para que o resultado final possa, de fato, ser o melhor possível. Assim como o processo judicial é o complexo de atos coordenados, tendentes ao exercício da função jurisdicional, a negociação também é uma sucessão de atos concatenados. Possui começo, meio e fim. A devida atenção à ordem de atos que passaremos a apresentar é essencial para a obtenção de resultados mais efetivos.

O professor Marc Burbridge introduziu entre nós o processo de negociação que se desenvolve por meio de cinco passos: preparação, criação, negociação, fechamento e reconstrução.[32] Analisemos cada uma dessas etapas, separadamente.

[32] Burbridge, Marc R. et al. *Gestão de negociação*. São Paulo: Saraiva, 2007, p. 81-83.

Cinco passos do processo de negociação

Preparar	Nessa fase estão inseridas todas as medidas que devem ser adotadas antes do primeiro contato com quem está do outro lado da mesa de negociação. É um dos momentos cruciais da negociação. A falta de preparação adequada é um dos pecados capitais do amadorismo. William Ury, na imperdível obra *Getting past no*, afirma que muitas negociações são perdidas ou ganhas mesmo antes de começarem as negociações, em razão da qualidade da preparação.[2]
Criar	Fase ligada à criação de opções que agregam valor à negociação. Iniciado o contato com o outro negociador, começa a exploração de interesses em jogo e a estimulação do bom relacionamento entre as partes. Importante momento das negociações integrativas.

Negociar	Etapa da negociação ligada à parte distributiva das negociações. Momento em que as partes tentam garantir a satisfação de seus próprios interesses com as conhecidas idas e vindas de propostas de ambos os lados, tendo em vista o objetivo de estabelecer trocas que resultem na obtenção do que se quer.
Fechar	Esgotadas as possibilidades de avançar na negociação, é chegado o momento de decidir entre fechar o acordo ou abraçar as alternativas. Esse ensejo pode ser alcançado não necessariamente pelo exaurimento das possibilidades de acordo, mas simplesmente em razão do tempo disponível para a conclusão das tratativas.
Reconstruir	Durante o processo de negociação, principalmente no embate sobre interesses opostos, típicos da negociação distributiva, há ocasiões em que os ânimos ficam mais exaltados e, eventualmente, o relacionamento entre os participantes sofre alguns desgastes. Sempre haverá outras negociações, porém, nada é certo em relação a quem serão os próximos envolvidos. Daí a necessidade de proteger sua imagem e reputação e deixar o caminho preparado para futuros encontros.

Os Sete Elementos da Negociação explorados nos capítulos anteriores permeiam todas essas fases do processo de negociação. Alguns de forma mais intensa em determinadas etapas do que outros, como passaremos a ver.

1. Preparar

A informação é a matéria-prima de trabalho do negociador. Estar mal-informado equivale a estar (muito) mal preparado para dar início à negociação. Portanto, antes mesmo de iniciar qualquer contato com o outro lado, pense em quais são as informações relevantes e necessárias para que possa prosseguir de maneira segura e eficaz. Primeiramente, reflita sobre seus interesses e alternativas. E quando pensar em suas alternativas, não se esqueça de explorar, escolher e fortalecer a sua MASA (Capítulo 9). Reflita sobre o outro lado: o que sei sobre ele(s)/ ela(s)? Quais seus interesses? Quais suas alternativas? Como posso enfraquecer sua MASA? Qual o melhor *framing*? (Capítulo 8).

Planeje seriamente a administração do tempo, o local dos encontros. Decida quem participará desses encontros, quem falará, quem ouvirá, que tipo de deliberação deseja obter em cada um desses encontros. Pondere sobre as informações que revelará e em que sequência. Fixe regras preliminares sobre como se dará o processo de negociação (por exemplo, combinar antecipadamente que ninguém será interrompido em sua fala).

2. Criar

"Qual a sua proposta?".

Essa frase costuma abrir muitos processos de negociação. Erro fatal. Como posso iniciar a transação colocando sobre a mesa propostas sem antes explorar os problemas, os interesses envolvidos e as diversas opções para agregar valor às negociações? Essa conduta costumeiramente faz com que se firme um acordo aquém das possibilidades do caso concreto.

Relacionamento, interesses, opções e legitimidade são os elementos diretamente ligados a essa etapa da negociação.

Comece por pavimentar a estrada que terá de avançar por construir um ambiente propício à boa comunicação. Se você conseguir construir um diálogo cordial com o colega que representa a outra parte, ele se tornará seu aliado na edificação da ponte que pode levar ao entendimento. Isso de maneira alguma deve se confundir com uma disposição a ceder a apelos do outro. Há o tempo de acomodar e há o tempo de reivindicar. Se os patronos conseguem se aliar na criação de um processo saudável de negociação, facilitarão suas próprias vidas. Aliás, primeiro devemos negociar "como negociar" para depois discutir propriamente o objeto da disputa.

Lembro-me vivamente de um episódio envolvendo uma sucessão societária em que em determinada reunião de quotistas, na qual nossos clientes foram instados a dar satisfação sobre algumas decisões gerenciais. Reunião em que estavam presentes todos os sócios e seus advogados, ainda na fase de apuração de haveres extrajudicial para pagamento ao espólio do sócio falecido. Se de um lado a apuração de haveres corria bem, de outro estávamos diante de um barril de pólvora (discussão de decisões gerenciais: ótima oportunidade para querelas). Decidimos que o assunto não estava na pauta e por isso haveria a designação de outra reunião para esse fim específico. Antes da data assinalada, liga-me o colega que representa os demais sócios para dizer que irá sozinho apresentar as reclamações para esclarecimentos de meu cliente. Por que não compareceriam aqueles que estavam tão ansiosos por desafiar as resoluções administrativas de meu cliente? Resposta: os advogados não queriam criar incidentes que dificultassem a solução do que era o problema a ser resolvido: pagar ao espólio o que era devido. Um enfrentamento entre os sócios poderia criar uma situação limite entre eles e seus clientes (os quais, ao que informavam os colegas, estavam querendo muito brigar). Dito e feito, a reunião correu de forma objetiva, sem que os questionamentos deixassem de ser feitos e os esclarecimentos, de ser oferecidos, enquanto o que era mais importante permanecia correndo em paralelo (determinação do valor a ser pago ao espólio do sócio falecido).

Criar valor na negociação exige criatividade focada na satisfação de interesses. É preciso saber ler nas entrelinhas, entender o que está por trás de cada reclamação, de cada pedido, de cada "não". Daí a importância de ser um ouvinte atento. Perceba que trocas podem ser feitas para se obter o que se deseja. Tente separar interesses conflitantes daqueles comuns e diferentes. Enquadre suas propostas e ponderações a partir do enfoque dado pelo outro ao assunto, assim será mais fácil persuadi-lo a entender a validade de sua colocação. Assim, enfatize o que há de bom para o outro nas suas considerações, não só o que há de bom para você nas suas propostas. Nem que para isso tenha de apontar as alternativas que o outro tem, caso não chegue a um acordo com você.

Convide o outro a apresentar suas ideias e necessidades, e trabalhe a partir dessas ideias apresentadas. Peça ao outro que contemple em sua proposta a acomodação dos interesses de seu cliente também. Dê a eles um problema para resolver.

Não se prenda a uma única opção para a solução da pendenga. Trabalhe junto com o outro lado na construção do máximo de soluções possíveis sem que, ainda, ninguém tenha de comprometer-se a escolher um desses caminhos. Apresente a proposta como algo melhor que a alternativa que o outro possui. Se o relacionamento entre as partes for relevante, valorize os benefícios da proposta como mantenedora de futuros negócios.

Não há momento melhor para fazer o bolo crescer. Como sempre digo, quando se está com fome, é melhor dividir uma pizza a dividir uma empadinha.

3. Negociar

Por mais que se faça o bolo crescer, é chegada a hora de dividi-lo entre as partes. Estamos no momento de enfrentar as peculiaridades da negociação distributiva em que cada um quer pegar o que entende ter direito. É nessa hora que se faz essencial saber balancear empatia e assertividade, conforme defendemos no Capítulo 8.

Mantenha foco no que é o cerne, o coração do debate. Não se perca no meio de discussões que são apenas reflexos de ressentimentos históricos. Esse tipo de desabafo deve acontecer na fase 2, de criação. Agora é hora de ser objetivo e estratégico. Como certa vez me disse um aluno do mundo corporativo: aprenda com o passado, mas não se prenda a ele. Se não conseguir virar a página de sua história, não conseguirá avançar no livro da vida.

Desse modo, permaneça tranquilo e não se exalte ao receber as exigências da outra parte. Aliás, de preferência, deixe que o outro apresente sua "âncora" (Capítulo 6) e não responda sim nem não de imediato. Faça uma detalhada autópsia da proposta, se precisar, peça um tempo para refletir sobre a demanda.

Apresente sua proposta, de preferência partindo das ideias, critérios e raciocínio que dão fundamento para a proposta apresentada pelo outro. Será muito mais fácil que ele a compreenda e veja seus méritos. Reformule-a da forma que lhe for mais conveniente. Certa vez, negociava o valor da saída de um sócio que estava sendo excluído da sociedade pela maioria do capital social. A discussão só pôde avançar quando, ao invés de discutir valores, passamos a discutir critérios. Partindo de critérios que ambos os lados consideravam justos, desenhamos um acordo no qual somente os critérios de apuração foram acordados (meu cliente paralelamente me demonstrava o que cada um desses parâmetros de legitimidade representava em números e lutamos muito até chegar aos valores que nos pareciam aceitáveis).

Não reaja a provocações e, se preciso, mostre a sua MASA e a do outro lado para educar o outro e lembrá-lo que as alternativas ao acordo não são convenientes para os envolvidos (de preferência mostre que o outro lado é ainda pior). Se preciso, não tema em dizer que se o outro lado quer brigar, você pode brigar, mas que todos perderão. Não deixe de forma alguma que a outra parte tenha a sensação de que você precisa do acordo. Afirme e deixe bem claro que você quer o acordo, não que precisa dele. As diferenças são sutis, mas fundamentais.

Receba críticas com tranquilidade e exija que o outro especifique os problemas de sua proposta. Ataques genéricos, como "isso é inaceitável, ridículo mesmo", devem ser respondidos com a indagação "por que inaceitável? Por favor, seja específico". Às vezes, essas frases de efeito não passam de bravata e, uma vez apresentada a explicação, será mais fácil achar o defeito da abordagem.

Depois de apresentada sua proposta, lembre-se de só fazer uma concessão em troca de algo oferecido pelo outro lado. Essa é a base da negociação: troca. Dê algo em troca de algo para não parecer, inclusive, que suas exigências iniciais estavam superfaturadas.

4. Fechar

Não desperdice todo o caminho bem percorrido até agora com um fechamento malfeito. Embora às vezes exausto na luta consigo e com os outros, tanto emocional como racionalmente, é preciso manter o controle do processo nessa fase final. É agora que se verificará se, de fato, o acordo prestes a ser celebrado satisfaz de fato nossos interesses e se é melhor que nossas alternativas.

Reflita sobre a qualidade do acordo. Estão claros para todas as partes os compromissos e benefícios advindos da negociação? Aqueles que implantarão o contratado terão alguma dificuldade em executá-lo em razão da obscuridade dos termos? Em caso de conflito, o julgador entenderá claramente o espírito do que foi negociado entre as partes? Escolhemos a forma prevista em lei para nossa transação?

Verifique se quem assina o acordo de fato tem poderes para tal. Se o acordo envolver pessoa jurídica, investigue cuidadosamente o contrato social, as procurações, estatutos sociais, reuniões e assembleias. Tive a oportunidade de celebrar um acordo entre duas empresas cariocas no qual somente na fase de assinatura do acordo, ao analisar criteriosamente os documentos sociais de uma das empresas, dei-me conta de que quem de fato detinha o poder na empresa não era a pessoa que legalmente tinha poderes para celebrar transações. Considerando que o acordo previa inclusive a renúncia a direitos, imagine-se o problema que essa distinção poderia causar.

Se a negociação envolver uma atividade regulamentada, tome cuidado para verificar se alguma obrigação criada no contrato não infringe determinada regra legal prevista para a operação.

Pense nas garantias e mecanismos que pode criar para estimular o cumprimento do acordo. Cláusulas penais, fianças e avais, hipotecas e penhores podem ajudar a parte a pensar duas vezes antes de descumprir o acordado.

5. Reconstruir

Por mais hábil que seja o negociador (ou tente sê-lo), há momentos em que o atrito é inevitável. Na busca do equilíbrio entre empatia e assertividade, o momento de ser assertivo pode causar "fissuras" no relacionamento. A fase de "negociar" desse processo, em que se irá dividir o bolo entre as partes, é especialmente dolorosa para aqueles que dão especial atenção ao relacionamento entre os envolvidos.

Fechado ou não o acordo, terminou o processo de negociação? A resposta é *não*.

Ainda que celebrado o negócio jurídico, esteja pronto para resgatar sua reputação e preparar-se para eventual encontro com as mesmas partes. O mundo é pequeno e, com a globalização, está cada vez menor. Ninguém pode afirmar com certeza que jamais voltará a ter seu caminho cruzado por aquele com quem acabou de negociar. Talvez em posição mais vantajosa, talvez em posição bem desvantajosa.

Faça do fechamento um marco. Celebre o fechamento do acordo. Faça elogios, quando merecidos, à atuação do outro negociador, a ele e a quem é importante para ele.

Há alguns anos, quando fui comprar um carro, depois de uma negociação feroz, em que coloquei em prática tudo o que sei sobre usar alternativas como fonte de poder (e a compra quase deixou de se realizar em alguns momentos), fui surpreendida pelo vendedor que, no dia da entrega do carro e de seus documentos, de repente, entrega-me uma garrafa de vinho de presente. A venda já estava feita e o negócio fechado há dias; mesmo assim veio o brinde. Meses depois, quando minha mãe me informou que iria trocar de carro pedindo uma indicação, quem foi o primeiro vendedor que me veio à mente?

Capítulo 13
As três dimensões da negociação

Antes de encerrarmos nossas considerações sobre essa rica matéria, que permeia nossas vidas de modo determinante e que há muito é fonte para a satisfação de nossas necessidades básicas, cabe reiterar que negociação é sinônimo de troca.

Caso pretenda dar início ao processo de negociação, esteja disposto e preparado para fazer trocas. Trocar algo que possui por algo que deseja.

O intercâmbio como fonte de riqueza não é novidade alguma. Adam Smith, em "Investigações sobre a natureza e as causas da riqueza das nações", de 1776, já apontava que:

> "O homem tem quase o tempo todo necessidade do auxílio de seus semelhantes e seria em vão que o esperaria unicamente de sua bondade. Teria muito mais certeza de consegui-lo caso se dirigisse ao interesse pessoal deles. É o que faz aquele que propõe um negócio qualquer a outro; o sentido de sua proposta é o seguinte: Dai-me o que preciso e tereis de mim aquilo de que vós mesmos necessitais; e a maioria dos bens e ofícios que nos são tão necessários são obtidos dessa maneira."

É imprescindível estar imbuído desse espírito no processo de negociação para que o trabalho seja produtivo e satisfatório. Aquele que busca obter o ganho integral de seus desejos sem nada dar em troca à outra parte, não está preparado para negociar e, se der início à negociação, com muita probabilidade sentir-se-á frustrado no final.

Esse talvez seja dos problemas mais comuns presenciados no ambiente jurídico: advogados que estão treinados e habituados a peticionar e emitir pareceres, a responder consultas, quando estão à mesa de negociação acabam por agir como se estivessem peticionando ou emitindo uma opinião legal sobre determinado assunto. Fazem exigências próprias de quem está requerendo em juízo ou em um procedimento arbitral. Querem tudo, ganhar tudo, dando nada em troca. Um exercício evidente de perda de tempo e de energia.

A negociação é uma forma alternativa e mesmo preliminar ao Judiciário para a solução de situação de litígio. Exige preparação, procedimentos e uma visão distintos.

Uma vez consciente e disposto a buscar a satisfação de seus interesses pela negociação, tenta bem administrar três aspectos que, em conjunto, levam ao sucesso da empreitada:

1. Emocional

Ao longo deste manual temos apresentado modos de se negociar racionalmente. Buscamos explorar os aspectos objetivos e estratégicos da negociação eficaz.

Para que estas técnicas possam ser adequadamente exploradas e desenvolvidas, faz-se necessária clareza de procedimento e muito controle emocional.

O negociador que se acha emocional e psicologicamente desequilibrado compromete a sua performance e atira pela janela todo o conhecimento técnico adquirido.

Assim, vale a pena verificar o seu "estado" do ponto de vista emocional antes de assumir a tarefa de negociar.

Por mais que optemos por trabalhar em áreas nas quais o envolvimento pessoal parece menos provável, como, por exemplo, a área de direito empresarial, verdade é que somos feitos de carne e osso. Temos nossos dias bons e nossos maus dias. Problemas de saúde ou familiares podem ser suficientes para comprometer o bom desenvolvimento de nossas ações. Nossas e de quem está do outro lado da mesa também.

Fique atento aos sinais de seu próprio corpo. Ele provavelmente indicará quando a situação estiver mais delicada. Uma noite mal dormida, suores, dores de estômago, palpitações podem ser indicadores de que você não está no seu melhor para a missão que assumiu.

O primeiro passo é reconhecer que não se está bem. O próximo é tomar uma providência. Mas que providência seria essa? Talvez convidar um colega para trabalhar com você no caso, adiar reuniões, ganhar tempo, evitar tomar decisões importantes no período, compreender o motivo da desestabilização emocional, ou mesmo deixar que outra pessoa lidere toda a negociação no seu lugar.

O importante é não ignorar o peso do irracional, das emoções sobre o seu desempenho. O negociador é acima de tudo um ser humano e não uma máquina.

Sob pressão, não reaja! Pense e busque uma saída.

2. Conhecimento do conteúdo

Jamais se esqueça de que o conhecimento sobre o assunto que é tema da negociação é absolutamente indispensável.

O operador do Direito tem obrigação de conhecer profundamente o assunto objeto da negociação.

As leis, regulamentos e jurisprudência relativos ao assunto que é o foco da negociação devem ser estudados e dominados pelo negociador, que igualmente tem o dever de buscar conhecer os usos e costumes envolvendo a operação, as práticas e os parâmetros usuais de casos análogos.

Nos dias de hoje, vê-se um aumento razoável da regulamentação das atividades. A liberdade de contratar, de fazer acordos, acha-se cada vez mais limitada por regras estatais.

Assim é que comprar uma empresa pode resultar no cancelamento do ato se essa aquisição redundar em concentração econômica; prometer ceder uma licença pode se mostrar inviável caso assim não permita a agência reguladora competente, e celebrar um acordo com um empregado pode equivaler a nada quando tal acordo é contestado perante a Justiça.

Essas consequências desastrosas são fruto de desconhecimento do negociador. Soubesse ele como as coisas de fato funcionam e quais as regras aplicáveis, faria acordo diverso e não correria o risco de causar graves prejuízos pela falta de cautela.

Se o tempo é pouco e a matéria desconhecida, considere seriamente a possibilidade de trabalhar em conjunto com alguém que tenha experiência e conhecimento suficientes sobre o assunto. Não se exponha nem a seus clientes desnecessariamente. Aproveite a oportunidade do trabalho conjunto para aprender com quem sabe mais do que você.

3. Abordagem

Se o negociador domina a matéria que é o tema da negociação e se sente emocionalmente centrado, sob controle, falta apenas dominar o aspecto argumentativo da sua abordagem para que esteja de fato em situação favorável ao desempenho eficaz.

Ao longo dos capítulos precedentes buscamos apresentar uma série de ferramentas que podem otimizar o processo negocial e tornar essa abordagem frutífera.

Essas técnicas, repetimos, não se sustentam sozinhas. Necessitam ser amparadas pelo equilíbrio psicológico e pelo estofo de conteúdo, de conhecimento e experiência do negociador em relação ao objeto das tratativas.

Preparar-se adequadamente, manter o foco nos interesses e nas trocas possíveis, prestigiar a comunicação e o relacionamento, dentre outros, trarão uma vantagem competitiva razoável entre os conhecedores e os ignorantes das técnicas de negociação.

Mais ainda, o conhecimento das boas práticas de negociação afasta a costumeira frustração daqueles que ignoram seus meandros.

Se essas três dimensões (emoção, conteúdo e abordagem) são suficientemente bem administradas pelo negociador profissional, altas são as probabilidades de uma gestão bem sucedida da negociação.

Semeando uma nova atitude

Embora os advogados consumam enorme parte de sua vida profissional (e pessoal) negociando, os currículos da imensa maioria das faculdades de Direito não estão ainda sintonizados com a necessidade de preparar o profissional para formas diferenciadas de solução de conflitos, retirando do Judiciário o que é desnecessária sobrecarga.

Ainda raras são as instituições que se propõem a incluir o tema nos seus núcleos de prática jurídica.

Essa situação causa perplexidade quando se acompanha o desenvolvimento da legislação no decorrer das últimas décadas. O próprio Código de Processo Civil brasileiro vem ao longo do tempo clamando para que as partes tentem, ao longo do processo, a autocomposição. A audiência de tentativa de conciliação evoluiu de ser uma faculdade para ser uma atividade obrigatória.[33]

Na década de 1970, iniciaram-se nos Estados Unidos, na Faculdade de Direito de Harvard, a mais antiga daquele país, estudos e seminários sobre negociação liderados por professores que pregam o ensino das técnicas de negociação de forma sistemática e didática. De lá para cá, negociação passou a ser parte do currículo não só em Harvard como em praticamente todas as universidades estadunidenses.

[33] A edição de uma lei brasileira de mediação (Lei 13.140, de 26 de junho de 2015) e a possibilidade de contratos ou negócios processuais resultantes da entrada em vigor do artigo 190 do Código de Processo Civil brasileiro de 2015 são apenas dois exemplos do clamor do legislador para que as partes saiam de sua apatia e passem a tomar em suas próprias mãos as rédeas do seu destino.

O preconceito que havia em relação ao estudo da matéria talvez possa ser creditado ao fato de estender-se além dos domínios puramente jurídicos. De fato, não só o Direito, mas também a Psicologia, a Filosofia, a Economia, a Sociologia e a Administração de Empresas são áreas que fornecem combustível à teoria da negociação.

Mas assim como Filosofia, Sociologia, Medicina Legal e Economia fazem parte hoje da grade curricular das Faculdades de Direito, sem nenhuma rejeição, esperamos que no futuro a Negociação dela também faça parte de forma corriqueira.

Para o momento, este livro foi escrito com a intenção de auxiliar os que se acham às voltas com as mais díspares situações no seu dia a dia profissional e buscam alternativas para melhorar seu desempenho, mas não as encontram nos bancos da universidade ou nos tradicionais livros jurídicos.

Aos que pretendem trazer para si a responsabilidade do resultado final alcançado por sua atuação, em vez de relegá-la somente ao Estado-juiz, no qual talvez encontrem cômoda resposta para o insucesso, fornecemos as principais ferramentas para melhoria de sua *performance*.

O assunto está longe de se achar esgotado nestas páginas. Ao contrário, trata-se tão somente de um manual básico que pode ajudá-lo a compreender os motivos pelos quais por vezes não há como se atingir um acordo possível, bem como auxiliá-lo a estruturar o raciocínio de forma a ampliar as possibilidades de êxito nas transações.

Entender as razões de um resultado satisfatório ou desastroso nas negociações é fundamental para que tais consequências deixem de ocorrer simplesmente por acaso. Perseguimos o ideal de tornar as tratativas envolvendo advogados um processo mais lógico, estruturado, coerente e frutífero, e não um desperdício de tempo e energia, como ocorre com frequência.

Inegável que há os que são naturalmente habilidosos e, ainda que ignorem as primeiras linhas de negociação, são bem-sucedidos negociadores. Acreditamos, porém, que todos trazem dentro de si as ferramentas necessárias para tentar satisfazer seus interesses pela via negociada. Esses apetrechos estão dentro de nossa mente, dispostos como uma caixa de ferramentas desorganizada[1], onde na hora da pressa tem-se dificuldade de localizar rapidamente aquela mais adequada à necessidade do momento.

Recomendações finais

Pensando a negociação de forma estruturada, estamos organizando essa caixa de ferramentas e assim propiciando que se alcance rápida e eficientemente o instrumento mais apropriado para o evento.[34]

Sempre que houver um litígio a ser dirimido ou uma transação a ser finalizada, surgirá o conflito. Impossível evitar que isso aconteça. No entanto, há meios de enfrentar e administrar esses conflitos de modo eficaz.

O primeiro passo é preparar-se bem para a negociação. Se há algo de valioso a ser lembrado de tudo que foi dito neste opúsculo é *prepare-se para negociar*!

- Identifique os interesses em jogo: os seus e os da outra parte.
- Pense nas oportunidades de agregar valor ao acordo; pense em opções de ganhos mútuos.
- Descubra sua MASA e tente melhorá-la, se possível. Descubra a MASA da outra parte e pense no que pode fazer para torná-la menos atraente.
- Ouça atentamente e expresse sua perspectiva com determinação; verifique se compreendeu a perspectiva do outro lado e se foi entendido.

[34] Lembrando as palavras do querido professor Goffredo da Silva Telles, nas aulas ministradas aos alunos do primeiro ano acadêmico na Faculdade de Direito do Largo de São Francisco em São Paulo, "não existe desordem, desordem é simplesmente a ordem que não se quer, que não convém".

- Tente estabelecer um nível de relacionamento com a outra parte que torne possível o desenvolvimento do processo de negociação de maneira frutífera.
- Mantenha ambições elevadas e realistas.
- Fechado o acordo, cuide para que ele possa ser operacionalizado e exigível.
- Não feche acordo algum quando a proposta for inferior a sua MASA.

A metodologia ora apresentada vem sendo testada e aperfeiçoada através do tempo por teóricos e práticos em várias partes do mundo, inclusive por nossos vizinhos de continente.

Para ajudá-lo a organizar seus pensamentos e a estruturar sua estratégia, acha-se no final deste livro um Roteiro para Preparação à Negociação. Ele o auxiliará principalmente antes do primeiro contato com o oponente e deverá ser revisto, adicionando-se ou retificando-se informações, conforme o progresso da negociação.

A perseverança é necessária, principalmente no estágio inicial de efetiva utilização dessas técnicas. Não desista diante da primeira tentativa infrutífera. Assim como andar de bicicleta demanda alguns tombos até que possamos dominar com equilíbrio e sincronia mente, pernas, braços e músculos, mudar seu modo de pensar e agir para obter o controle e liderar a negociação também demandará tempo e esforço. O resultado, entretanto, será compensador.

ANEXO
Roteiro para preparação à negociação

Partes
Quem são os envolvidos na negociação:

Objeto
Assuntos a serem resolvidos:

Interesses
Nossos:
Da outra parte:
De terceiros:

Opções
Propostas possíveis:

Critérios objetivos
Critérios que dão legitimidade às propostas criadas:

Alternativas
Nossas (indique qual é a MASA):
Como melhorá-las:
Da outra parte (indique qual é a MASA):
Como afetá-las:

Compromisso
Tópicos importantes que precisam ser fechados e assegurados:

Relacionamento
Atual:
Esperado ao final da negociação:

Comunicação
O que deve ser dito:
Como deve ser dito:
Problemas previsíveis na comunicação:
Como evitá-los:
Presunções a conferir:
Perguntas a serem feitas:

ÍNDICE